AF591589

# MÉTHODE

**pour chanter avec une grande facilité les Psaumes et les Hymnes,**

Par H. BEURNÉ,

VICAIRE DE SAINT-MARTIN, A LANGRES,

ET IMPRIMÉE

Avec l'autorisation de Monseigneur l'Évêque.



## PSALMODIE.

—:—

Pour bien psalmodier, il faut, avant tout, bien lire le texte latin. Règle générale, la dernière syllabe des mots se prononce faible comme à peu près l'**e** muet dans la langue française (hom*me*). La *pénultième* ou avant-dernière syllabe se prononce au contraire plus forte et plus longue que les autres, comme s'il y avait un accent grave ou circonflexe (a*pô*tre, a*pos*tolat). C'est pour cela qu'on l'appelle syllabe accentuée. Quelquefois la pénultième est brève, alors c'est l'antépénultième qui est accentuée, *ex :* magnifi-*cen*-ti-a. Pour éviter toute difficulté au lecteur, les mots ayant plus de deux syllabes portent ordinairement un accent aigu sur la voyelle de leur syllabe longue. Dans cette méthode, au lieu de la désigner par un accent, on l'a imprimée en italique. Les syllabes qui précèdent ou suivent la longue, ainsi que les monosyllabes, se prononcent avec une vitesse à peu près égale. Un mot de plusieurs syllabes n'a jamais qu'une syllabe longue.

Les psaumes sont divisés en versets qui se chantent sur une même mélodie. Chaque verset est coupé par un astérisque en deux parties ordinairement égales. A l'astérisque, on observe un silence appelé *pause*. La petite mélodie qui se place sur les deux ou trois premières syllabes se nomme *intonation* ; celle qui se place sur les deux ou quatre syllabes précédant l'astérisque s'appelle *médiation* ou *médiante* ; et celle que l'on exécute sur les 3, 4 ou 5 dernières syllabes du verset reçoit le nom de *terminaison* ou *finale*. Les parties qui se trouvent avant la médiante ou la finale et se récitent sur la note dominante, sont les deux *teneurs*.

Les règles que nous allons exposer et mettre en pratique ne sont point celles que le Rit parisien et les Liturgies gallicanes ont inventées au 17e siècle. Elles ont rendu la psalmodie si difficile et si bizarre que le peuple chrétien a dû, depuis longtemps, renoncer à y prendre part. Nous analyserons et même nous citerons : 1° les *Instituta Patrum de modo psallendi* de l'abbaye de St-Gall, conservés dans un manuscrit remontant au moins au onzième siècle ; 2° les réponses que nous ont adressées des maîtres de chapelle de la Trappe, de la Chartreuse, des Dominicains, et un Directeur des Missions étrangères.

La Psalmodie doit être chantée rondement, avec animation et énergie, bien que sans précipitation. « *Omni tempore. . . . Psalmodia non nimis protrahatur. . . . non nimis velociter, sed rotunda, virili, viva et succincta voce psallatur.* — INST. PATR. » On ne doit respirer qu'au milieu du verset, règle générale. « *Admonemus itaque ut una aspiratione aut uno anhelitu usque ad punctum rythmice vel metrice psallamus* IBID. » S'il est nécessaire de respirer ailleurs à cause de la longueur du texte, il faut le faire à l'endroit convenu que dans cette méthode nous avons marqué par un trait vertical : | . Cette respiration ne peut jamais devenir une pause ; voici comment elle se fait : on abandonne sèchement la syllabe après laquelle on doit respirer ; à peine est-elle prononcée qu'on aspire rapidement de l'air et l'on reprend couramment et avec entrain la suite du verset.

Le repos ou silence qui s'observe au milieu et à la fin de chaque verset s'appelle *pause*. « *Post medium metrum, modica modulatione peracta*, pausam bonam *et* competentem *faciamus*. INST. PATR. » « Nos Pères, écrit le maître de chapelle de la Trappe, y apportaient une importance majeure et ils ont obligé les religieux à faire les pauses plus ou moins longues, suivant le degré des solennités. Toujours, même aux offices fériaux, nous observons *pausam bonam*, comme disaient nos Pères, c'est-à-dire, le temps nécessaire pour *chanter* un mot de *deux syllabes*. . . . La pause qui suit la médiante doit être double de celle qui sépare les versets. D'après St-Bernard, il ne peut y avoir de manière de psalmodier plus agréable à Dieu et aux Anges. » Voici comment on peut faire la *pause* de la médiante : on abandonne assez sèchement la dernière syllabe, on ferme la bouche et on attend un instant, comme si l'on écoutait un bruit lointain ; la valeur de la pause étant consommée, on aspire de l'air et on reprend avec entrain et animation la suite du verset. « *Simul pausemus auscultando. Si morose cantamus, longior pausa fiat ; si propere, brevior ; semper in psalmodia punctus et pausa teneantur.* INSTITUTA PATR. »

Comment appliquer les syllabes du texte aux notes de l'intonation, de la médiante et de la finale ? Règle : On prend un nombre de syllabes égal aux notes ou aux groupes de notes qui composent ces petites mélodies. S'il y a 2, 3, 4 ou 5 notes ou groupes de notes, on y applique, chacune à son rang, les 2, 3, 4 ou 5 dernières syllabes du texte.

1^re^ *Exception.* Si une syllabe pénultième brève (magnificen-TI-a) devait se trouver sous une note longue, on la réunirait à la syllabe suivante, et on placerait sous la note longue la syllabe précédente : (magnifi-cen-TIA). Il faut donc apprendre de mémoire les mélodies des intonations, des médiantes et des finales, comme cela se pratique à l'égard des cantiques populaires ; on connait alors les notes longues et les notes brèves, et on leur applique facilement les syllabes du texte. *A l'exception de la pénultième brève, toutes les autres syllabes peuvent se placer sous une note longue.* « Dans le cas où l'accent est porté sur l'antépénultième, nous écrit-on de la Trappe, la pénultième étant brève, on la fait brève. 2° Dans le cas où l'accent est placé sur la pénultième, la dernière syllabe est toujours commune ou longue, selon la note placée au dessus ; point d'exception. Cette manière de chanter est l'ancienne, qui ne connaissait point pour brèves les syllabes finales dans les mots, même suivis de monosyllabes. Mais les nouveaux usages du chant parisien ont tout gâté et ont introduit une foule de difficultés qui donnent lieu aux questions que vous adressez. . Nous autres, nous passons également sur les monosyllabes comme sur des syllabes communes, précisément, parce que nos anciennes liturgies ne nous ont point légué les modernes délicatesses. » (RÉPONSE DE LA TRAPPE DU 1^er^ OCTOBRE 1853.) Consultons maintenant les règles écrites dans l'ancien manuscrit de St-Gall. « *Quomodo ergo toni deponantur in finalibus propter diversos accentus, nunc dicendum est. Omnis enim tonorum depositio in finalibus, mediis vel ultimis,* non est secundum accentum verbi, *sed secundum musicalem melodiam toni facienda, sicut dicit Priscianus : Musica non subjacet regulis Donati, sicut nec divina scriptura. Si vero convenerit in unum accentus et melodia, communiter deponantur ; sin autem, juxta melodiam toni, cantus sive psalmi terminentur. Nam in depositione fere omnium tonorum, musica in finalibus versuum per melodiam subprimit syllabas, et* accentus sophisticat, *et hoc maxime in psalmodia ; ideoque si tonaliter finis versuum deponitur,* OPORTET ut sæpius accentus infringatur *eo modo verbi gratia, ut sunt sex syllabæ* sæ-cu-lo-rum a-men, *ita sex conformantur notis toni in depositione verborum et syllabarum.* »

2^e^ *Exception.* A la *médiante* des 2, 4, 5 et 8^es^ tons, si le texte se termine par un monosyllabe (arguas *me*), ce monosyllabe se place sous la note longue, et la dernière note est supprimée. L'exception n'a plus lieu quand il y a deux monosyllabes de suite (*pro me*). La règle parisienne sur les mots hébreuxest impraticable pour le peuple et impossible au chœur quand il exécute des faux bourdons.

Le tableau indiquant les mots qui se chantent ou qui ne se chantent pas *more hebraico*, est propre à effrayer la mémoire même d'un Præcentor et d'un Primicerius.

1re *Observation*. On peut établir comme règle générale que, quand à la médiante ou à la finale, la pénultième syllabe est brève, elle se réunit à la dernière et ne compte pas pour la mélodie. Il n'y a d'exception que pour la 4e finale du 7e ton, parceque sa 3e note qui correspond à cette pénultième se trouve être brève.

2e *Observation*. « L'usage des ordres religieux est d'appuyer sur les syllabes accentuées précédant la terminaison des médiantes et des finales, et de *couper court* sur les dernières, *pour soutenir la ferveur*. Dans le monde, on fait, mal à propos, tout le contraire ; car on traine d'une manière affectée sur ces endroits, surtout quand le chœur possède des gens qui veulent montrer la force de leur voix ou la longueur de leur haleine. » (RÉPONSES DE LA TRAPPE ET DE LA CHARTREUSE.)

3e *Observation*. Dans les *teneurs* ou parties des versets qui se chantent sur la dominante du ton, il faut bien faire sentir les longues comme le *temps fort* en musique. Cela fait une sorte de rythme indispensable pour que tous les fidèles chantent avec ensemble et précision. On prononce avec une espèce d'égalité toutes les autres syllabes; dans les mots longs, on accentue plus fortement que dans les mots courts.

4e *Observation*. L'intonation se fait seulement au premier verset. Si plusieurs psaumes se suivent immédiatement, comme les psaumes 148, 149 et 150 à laudes, elle ne se fait qu'au premier psaume. A l'office des Morts, elle n'a jamais lieu.

5e *Observation*. Les Cantiques évangéliques *Magnificat* et *Benedictus* se chantent toujours avec plus de solennité que les psaumes. En tout temps, excepté à l'office des Morts, on fait l'intonation à chacun de leurs versets. Les 1er et 6e, 3e, 2e et 8e tons ont des formules particulières pour les intonations et les médiantes aux jours de grandes solennités. Les pauses doivent être assez longues et proportionnées à la gravité du chant. Il faut respirer aux endroits indiqués, mais on évitera d'appuyer lourdement sur chaque syllabe et de s'arrêter après chaque mot.

## Signes employés dans cette Méthode.

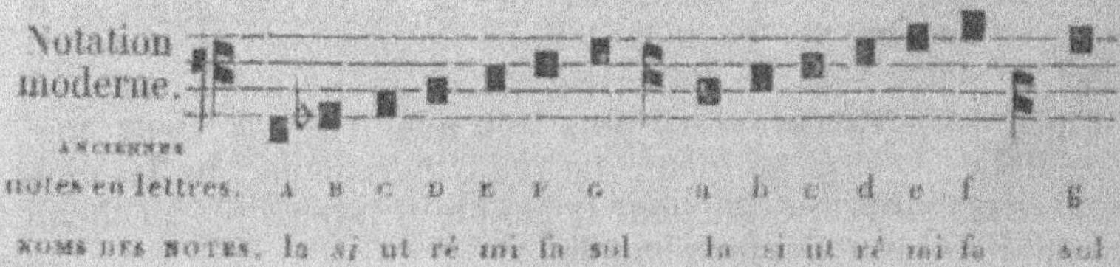

## Valeur des notes et des silences.

c— c- c- c c c c c' . . . * * | | | |

maxime, longues, brèves, liquescentes, pauses, respirations.

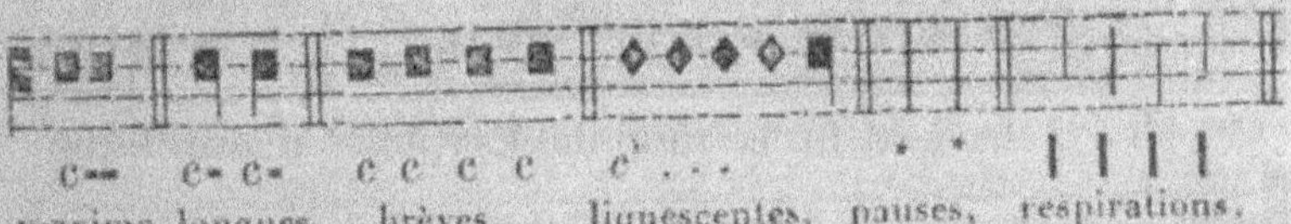

Toutes les syllabes employées aux intonations, aux médiantes et aux finales sont en lettres différentes et détachées par de petits traits. Toutes les fois que cela a été possible, on a désigné, en les mettant en grandes majuscules, les syllabes qui correspondent à des notes longues. Le chantre qui a la mélodie dans la mémoire, distinguera rapidement si une syllabe en petites majuscules est longue ou brève. Les syllabes pénultièmes brèves sont réunies à celles qui les suivent immédiatement.

Le signe ⌒ placé sur une note indique qu'il faut la renforcer et l'allonger.

## Formules des 8 Tons.

Finale du 1. ton. Fin. du 6. Intonation. 1re Teneur.

1er et 6e Tons.

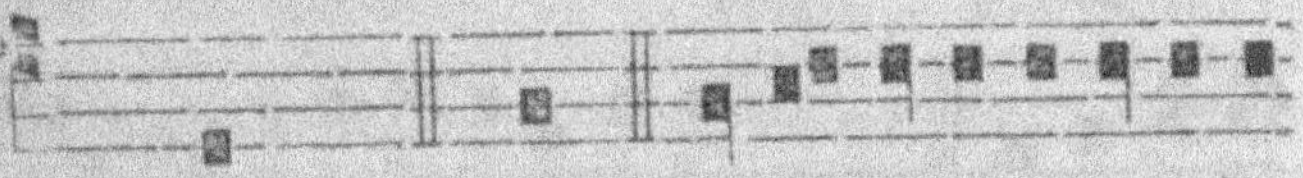

DI-XIT Dominus Domino

Médiante. Pause. 2e Teneur 1re Finale.

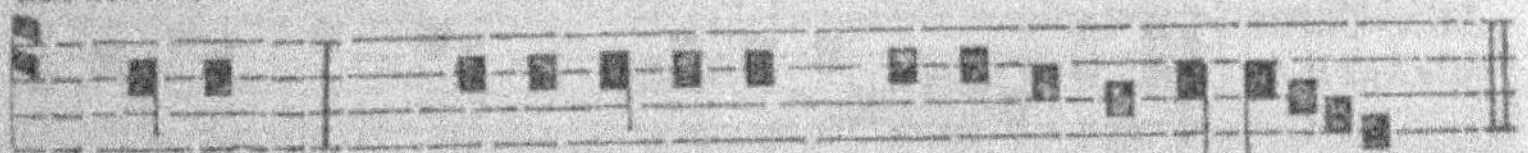

MÊ-o. * et in se-cu-la secu-LO-RUM AMEN.

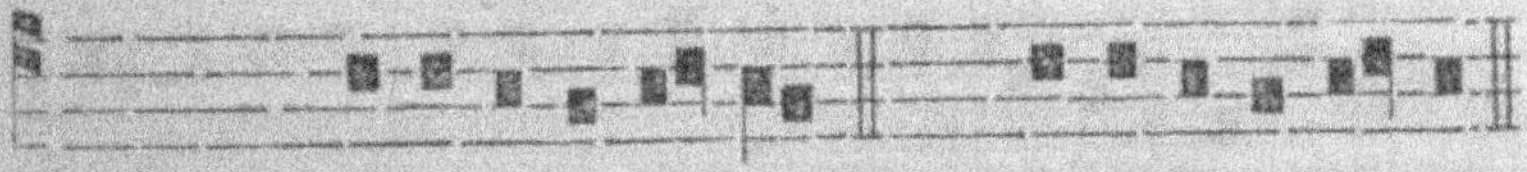

2e fin. e u o u a e 3e fin. e u o u a e

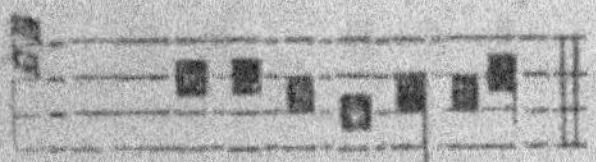

Finale unique du 6e ton.

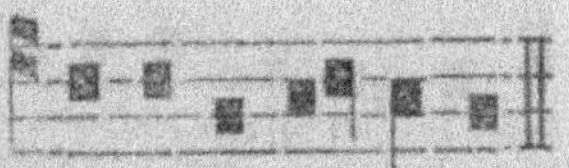

4e fin. e u o u a e e u o u a e

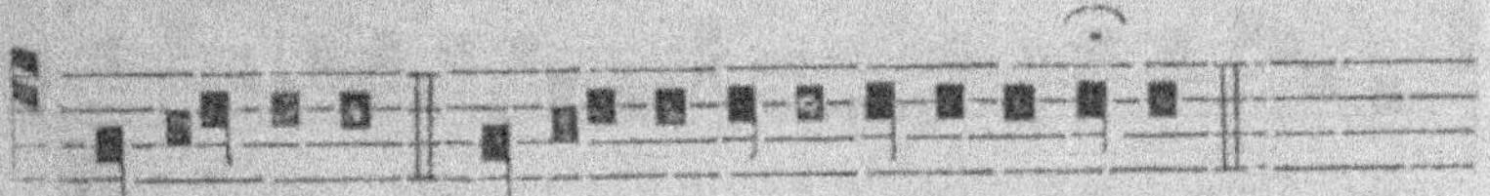

Ma-gni-fi-cat. ET EX-ul-*ta*-vit Spi-ritus ME-US.

Aux Fêtes solennelles.

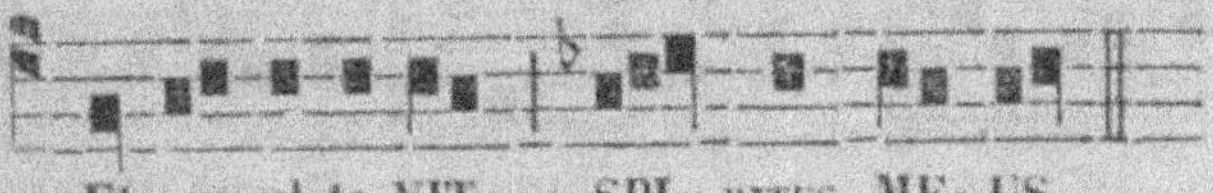

Et ex-ul-ta-VIT SPI- RITUS ME- US.

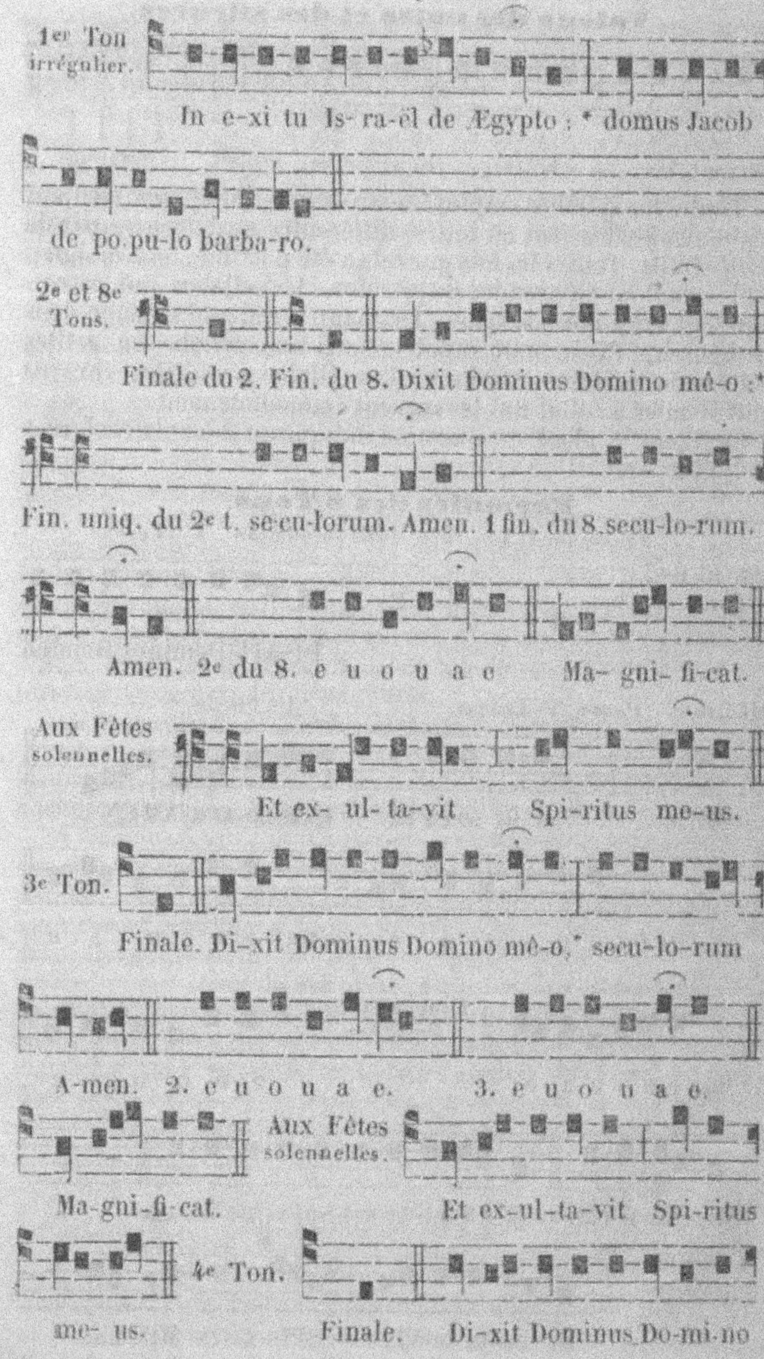
1er Ton irrégulier.
In e-xi tu Is- ra-ël de Ægypto : * domus Jacob
de po.pu-lo barba-ro.
2e et 8e Tons.
Finale du 2. Fin. du 8. Dixit Dominus Domino mê-o :*
Fin. uniq. du 2e t. se-cu-lorum. Amen. 1 fin. du 8. secu-lo-rum.
Amen. 2e du 8. e u o u a e Ma- gni- fi-cat.
Aux Fêtes solennelles.
Et ex- ul- ta-vit Spi-ritus me-us.
3e Ton.
Finale. Di-xit Dominus Domino mê-o,* secu-lo-rum
A-men. 2. e u o u a e. 3. e u o u a e.
Ma-gni-fi-cat.
Aux Fêtes solennelles.
Et ex-ul-ta-vit Spi-ritus
me- us.
4e Ton.
Finale. Di-xit Dominus Do-mi-no

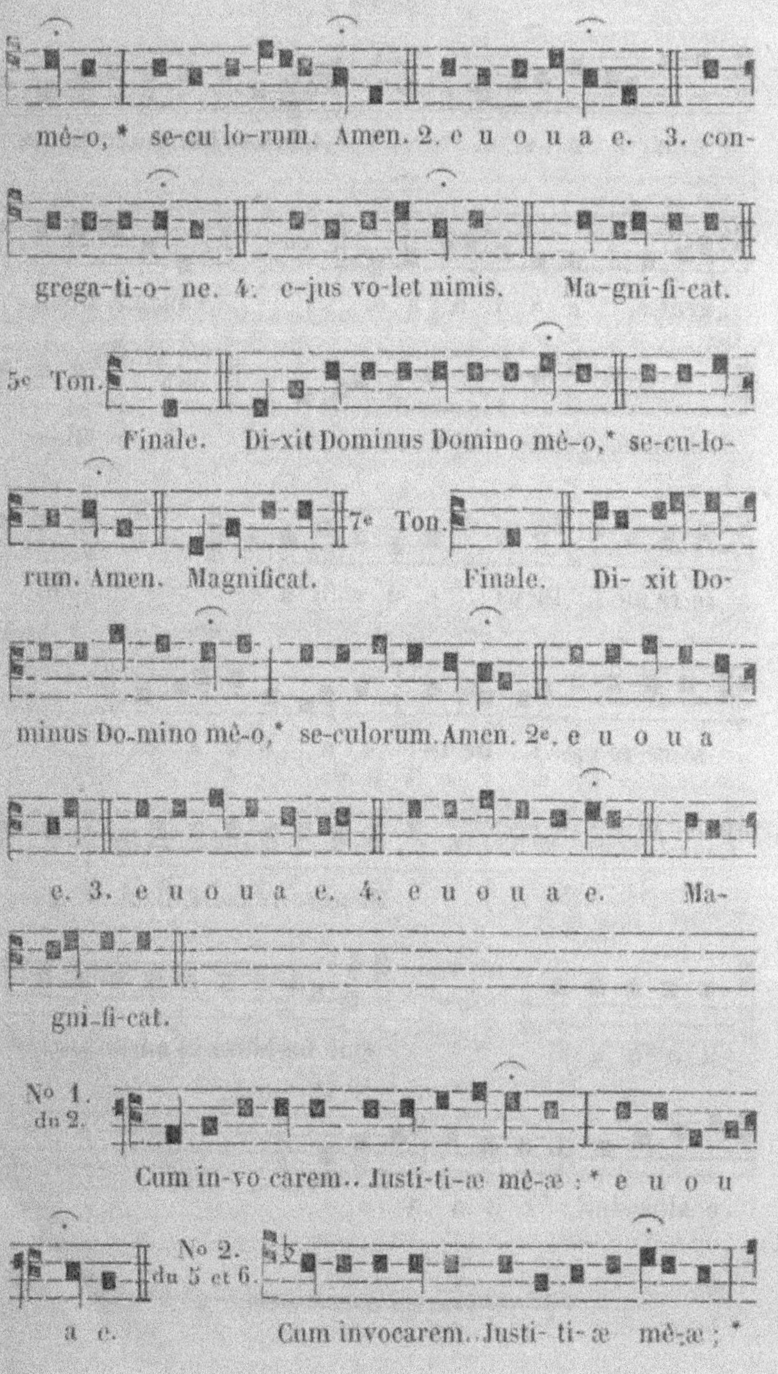
mè-o,* se-cu lo-rum. Amen. 2. e u o u a e. 3. con-
grega-ti-o- ne. 4. e-jus vo-let nimis. Ma-gni-fi-cat.
5e Ton.
Finale. Di-xit Dominus Domino mè-o,* se-cu-lorum. Amen. Magnificat.
7e Ton.
Finale. Di- xit Do-
minus Do-mino mè-o,* se-culorum. Amen. 2e. e u o u a
e. 3. e u o u a e. 4. e u o u a e. Ma-
gni-fi-cat.
No 1. du 2.
Cum in-vo carem.. Justi-ti-æ mè-æ ; * e u o u
a e.
No 2. du 5 et 6.
Cum invocarem.. Justi- ti- æ mè-æ ; *

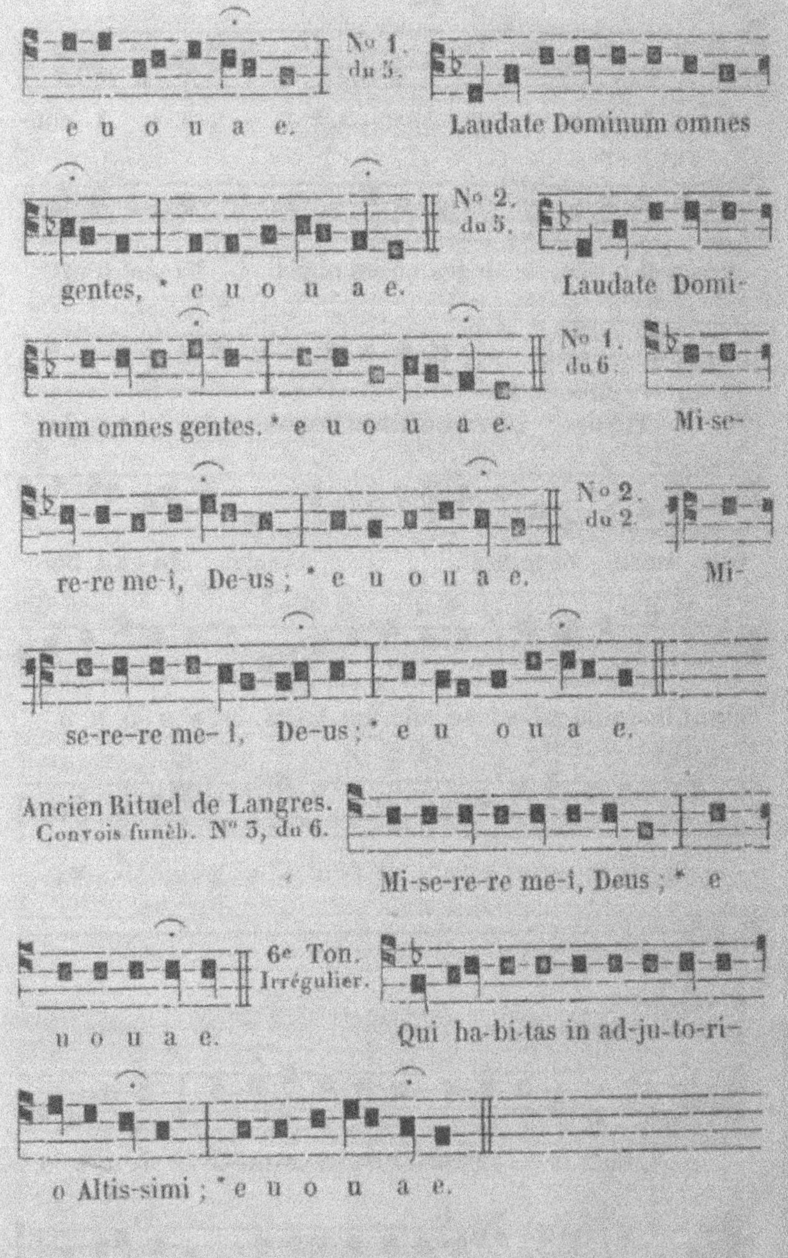
No 1. du 5.
e u o u a e.
Laudate Dominum omnes
gentes, * e u o u a e.
No 2. du 5.
Laudate Domi-
num omnes gentes. * e u o u a e.
No 1. du 6.
Mi-se-
re-re me-i, De-us ; * e u o u a e.
No 2. du 2.
Mi-
se-re-re me-i, De-us ; * e u o u a e.
Ancien Rituel de Langres.
Convois funèb. No 3, du 6.
Mi-se-re-re me-i, Deus ; * e
u o u a e.
6e Ton. Irrégulier.
Qui ha-bi-tas in ad-ju-to-ri-
o Altis-simi ; * e u o u a e.

# PSAUMES.

## PSAUME 109. — *Dixit Dominus.*

1er, 6e et 8e Tons ; *médiante* 2 syllabes, *finale* 4 syllabes. **A**

**1er et 6e tons** (*dominante* a).
F- GA a- a a a- a a a--a
DI-XIT Dominus Domino ME-o*
a- a a G F G- G-FED
sede a (DEX-TRIS ME-IS. (6e ton :
F GA- G- F
DEX-TRIS ME-IS.) **8e ton** (*do-*
G- a c-
*minante* petit *c*) : DI-XIT Do-
c c c- c c d- c c c c
minus Domino ME-o,* se-de à
b c a- G
DEX-TRIS ME-IS.

Donec ponam inimicos TU-os* scabellum pe-DUM TU-O-RUM.

Virgam virt*u*tis tuæ | em*i*ttet Dominus ex SI-ON : * domin*a*re in medio inimico-RUM TU-O-RUM.

Tecum princ*i*pium in die virt*u*tis tuæ | in splendoribus sanc-TO-RUM :* ex *u*tero ante luciferum GE-NU-I TE (6e *ton* : luc*i*fe-RUM GE-NUI TE).

Jur*a*vit Dominus et non pœnit*e*bit E-UM :* Tu es sacerdos in æternum | sec*u*ndum ordinem MEL-CHI-SEDECH.

Dominus a dextris TU-IS, * confr*e*git in die iræ SU-Æ RE-GES.

Judic*a*bit in nati*o*nibus implebit RU-I-NAS, * conquass*a*bit c*a*pita in ter-RA MUL-TO-RUM.

De torr*e*nte in via BI-BET, * propt*e*rea exal-TA-BIT CA-PUT.

Gl*o*ria Patri et FI-LIO* et Spiri-TU-I SANC-TO :

Sicut erat in princ*i*pio | et nunc et SEM-PER, * et in secula secu-LO-RUM. A-MEN.

2e Ton : *mediante* 2 syllabes, *finale* 3 syllabes.
3e Ton : *mediante* 4 syllabes, *finale* 3 syllabes. **B**

**2e ton** ( *dominante* petit *c* ).
G- a c- c c c- c c d- c
DI-XIT Do-minus Domino ME-o*
c c c c b G- a
se-de a dex-TRIS ME-IS. **3e ton**
G- ac c-
(*même dominante*). DI-XIT Do-
c c d- c c c--c c- c c
minus DO-MI-NO ME-o,* sede a
c a c- b-a
dex-TRIS ME-IS.

Donec ponam ini-MI-COS TU-os* scabellum pedum TU-O-RUM.

Virgam virt*u*tis tuæ | em*i*ttet Domi-NUS EX SI-ON :* domin*a*re | in medio inimicorum TU-O-RUM.

Tecum princ*i*pium in die virt*u*tis tuæ | in splend*o*ri-BUS SANC-TO-RUM : * ex *u*tero ante luc*i*ferum ge-NU-I TE.

Jur*a*vit Dominus et non pœni-TE-BIT E-UM :* Tu es sacerdos in æternum, | sec*u*ndum *o*rdinem MEL-CHI-SEDECH.

Dominus a DEX-TRIS TU-IS :* confregit in die iræ SU-Æ RE-GES.

Judic*a*bit in nati*o*nibus imple-BIT RU-I-NAS, * conquass*a*bit c*a*pita in terra MUL-TO-RUM.

De torr*e*nte in VI-A BI-BET, * propt*e*rea exalt*a*-BIT CA-PUT.

Gl*o*ria Pa-TRI ET FI-LIO, * et

Spiritu-i SANC-TO.
Sicut erat in principio | et NUNC ET SEM-PER,* et in secula seculo-RUM. A-MEN.

**A** 3e Ton : *médiante* 4 syllabes, *finale* 4 syllabes. (*dominante* petit c.)

c- bc c- c c d- c c c--
DI-XIT Dominus DO-MINO ME-
c c- c c b ab- a- Ga-
o,* sede à DEX-TRIS ME IS.

Donec ponam ini-MI-cos TU-os,* scabellum pe-DUM TU-O-RUM.

Virgam virtutis tuæ | emittet Domi-NUS EX SI-ON,* dominare | in medio inimico-RUM TU-O-RUM.

Tecum principium in die virtutis tuæ | in splendori-BUS SANC-TO-RUM, * ex utero ante lucife-RUM GE-NUI TE.

Juravit Dominus, | et non pœni-TE-BIT E-UM,* Tu es sacerdos in æternum, | secundum ordi-NEM MEL-CHI-SEDECH.

Dominus a DEX-TRIS TU-IS,* confregit in die iræ SU-Æ RE-GES.

Judicabit in nationibus imple-BIT RU-I-NAS,* conquassabit capita in ter-RA MUL-TO-RUM.

De torrente in VI-A BI-BET,* propterea exal-TA-BIT CA-PUT

Gloria Pa-TRI ET FI-LIO,* et Spiri-TU-I SANC-TO.

Sicut erat in principio | et NUNC ET SEM-PER,* et in secu-la secu-LO-RUM. A-MEN.

**B** 4e Ton : *médiante* 4 syllabes, *finale* 5 syllabes. (*dominante* a.)

a- Ga a- a a a G a b-
DI-XIT Dominus Do-MI-NO ME-
a a a G a b- G- E
o :* sede A DEX-TRIS ME-IS.

Donec ponam ini-MI-cos TU-os,* scabellum PE-DUM TU-O-RUM.

Virgam virtutis tuæ | emittet Domi-NUS EX SI-ON,* dominare | in medio inimi-CO-RUM TU-O-RUM.

Tecum principium in die virtutis tuæ | in splendori-BUS SANC-TO-RUM,* ex utero ante luci-FE-RUM GE-NUI TE.

Juravit Dominus et non pœni-TE-BIT E-UM,* Tu es sacerdos in æternum | secundum or-DI-NEM MEL-CHI-SEDECH.

Dominus a DEX-TRIS TU-IS,* confregit in die i-RÆ SU-Æ RE-GES.

Judicabit in nationibus imple-BIT RU-I-NAS,* conquassabit capita in TER-RA MUL-TO-RUM.

De torrente in VI-A BI-BET,* propterea EX-AL-TA-BIT CA-PUT.

Gloria Pa-TRI ET FI-LIO,* et Spi-RI-TU-I SANC-TO.

Sicut erat in principio | et NUNC ET SEM-PER,* et in secula se-CU-LO-RUM. A-MEN.

**C** 7e Ton : *médiante* 4 syllabes, *finale* 4 syllabes. (*dominante* d.)

c-b cd- d- d d f- e e d--
DI-XIT Dominus DO-MINO ME-
e d d d c- d c b
o,* sede a DEX-TRIS ME-IS.

Donec ponam ini-MI-cos TU-os,* scabellum pe-DUM TU-O-RUM.

Virgam virtutis tuæ | emittet Domi-NUS EX SI-ON,* dominare | in medio inimico-RUM TU-O-RUM.

Tecum principium in die virtutis tuæ | in splendori-BUS SANC-TO-RUM,* ex utero ante luciferum GE-NU-I TE.

Juravit Dominus et non pœni-TE-BIT E-UM,* Tu es sacerdos in æternum, | secundum ordi - NEM MEL - CHI - SEDECH.

(4e *finale* : ordinem MEL-CHI-SE-DECH).

Dominus a DEX-TRIS TU-IS,* confregit in die iræ SU-Æ RE-GES.

Judicabit in nationibus imple-BIT RU-I-NAS,* conquassabit capita in ter-RA MUL-TO-RUM.

De torrente in VI-A BI-BET,* propterea exal-TA-BIT CA-PUT.

Gloria Pa-TRI ET FI-LIO, et Spi-RI-TUI SANC-TO.

Sicut erat in principio | et NUNC ET SEM-PER,* et in secula secu-LO-RUM. A-MEN.

---

## PSAUME 110. — *Confitebor*.

1er et 8e Tons : *mediante* 2 syllabes, *finale* 4 syllabes. **A**

**1er ton** (*dominante* a).

F- G a a a a a a- a a
CON-FI-tebor tibi, Domine |
a a- a- a a a-- a a a a-
in toto corde ME-O,* in concilio justorum | et congre-GA-TI-
a a a a a a a a G F
G- G-FED
O-NE. — **8e ton** (*dominante*
c- a c- c c
petit *c*). 1. CON-FI-te-bor ti-
c c- c c c c- c c- c d-
bi, Domine | in toto corde ME-
c c c c- cc c c- c c c
o* in concilio justorum | et con-
c b c a- G
gre-GA-TI-O-NE.

Magna opera DO-MINI,* exquisita in omnes volun-TA-TES E-JUS.

Confessio et magnificentia opus E-JUS,* et justitia ejus manet | in SE-CU-LUM SE-CULI.

Memoriam fecit mirabilium suorum, | misericors et miserator DO-MINUS :* escam dedit ti-MEN-TI-BUS SE.

Memor erit in seculum | testamenti SU-I :* virtutem operum suorum | annuntiabit popu-LO SU-O.

Ut det illis hæreditatem GEN-TIUM:* opera manuum ejus | veritas ET JU-DI-CIUM.

Fidelia omnia mandata ejus | confirmata in seculum SE-CULI:* facta in veritate et Æ-QUI-TA-TE.

Redemptionem misit populo SU-O:* mandavit in æternum | testa-MEN-TUM SU-UM.

Sanctum et terribile nomen E-JUS :* initium sapientiæ TI-MOR DO-MINI.

Intellectus bonus | omnibus facientibus E-UM :* laudatio ejus manet | in SE-CU-LUM SE-CULI.

**A** 2e Ton ; *médiante* 2 syllabes, *finale* 3 syllabes. — 3e Ton ; *médiante* 4 syllabes, *finale* 3 syllabes.

**2e ton** (*dominante* petit *c*).
*G- a c- c c c c- c c*
CON-FI-te-bor tibi, Domine |
*c c c c- c d- c c c c-*
in toto corde ME-o,* in conci-
*cc c c- c c c c c b*
lio justorum | et congrega-TI-
*G- a*
O-NE. **3e ton** (*même domin.*)
*G- ac c- c c c c- c c*
CON-FI te-bor tibi Domine |
*c c-c d- c c- c c c*
in toto COR-DE ME-o,* in con-
*c-cc c c- c c c c c*
cilio justorum | et congrega-
*a c- b-a*
TI-O-NE.

Magna O-PERA DO-MINI :* exquisita in omnes volunta-TES E-JUS.

Confessio et magnificentia O-PUS E-JUS :* et justitia ejus manet | in secu-LUM SE-CULI.

Memoriam fecit mirabilium suorum, | misericors et misera-TOR DO-MINUS,* escam dedit timen-TI-BUS SE.

Memor erit in seculum | testa-MEN-TI SU-I :* virtutem operum suorum | annuntiabit popu-LO SU-o.

Ut det illis hæredi-TA-TEM GEN-TIUM, * opera manuum ejus | veritas et JU-DI-CIUM.

Fidelia omnia mandata ejus | confirmata in SE-CULUM SE-CULI, * facta in veritate et æ-QUI-TA-TE.

Redemptionem misit PO-PULO SU-o :* mandavit in æternum testamen-TUM SU-UM.

Sanctum et terribile NO-MEN E-JUS :* initium sapientiæ timor DO-MINI.

Intellectus bonus | omnibus faci-EN-TIBUS E-UM :* laudatio ejus manet | in secu-LUM SE-CULI.

**B** 3e Ton, *médiante* 4 syllabes, *finale* 4 syllabes. (*dominante* petit *c*.)

*G- ac c- c c c c- c c*
CON-FI-te-bor tibi, Domine,
*c c- c d- c c- c c*
| in toto COR-DE ME-o, * in
*c c-cc c c- c c c c*
concilio justorum | et congre-
*b ab- a Ga-*
GA-TI-O-NE.

Magna O-PERA DO-MINI :* exquisita in omnes volun-TA-TES E-JUS.

Confessio et magnificentia O-PUS E-JUS :* et justitia ejus manet | in se-CU-LUM SE-CULI.

Memoriam fecit mirabilium suorum | misericors et misera-TOR DO-MINUS :* escam dedit TI-MEN-TIBUS SE.

Memor erit in seculum | testa-MEN-TI SU-I :* virtutem operum suorum | annuntiabit popu-LO SU-O.

Ut det illis hæredi-TA-TEM GEN-TIUM :* opera manuum ejus | veritas ET JU-DI-CIUM.

Fidelia omnia mandata ejus | confirmata in SE-CULUM SE-CULI, * facta in veritate et Æ-QUI-TA TE.

Redemptionem misit PO-PULO SU-O :* mandavit in æternum | testa-MEN-TUM SU-UM.

Sanctum et terribile NO-MEN

E-JUS : * initium sapientiæ TI-MOR DO-MINI.
Intellectus bonus | omnibus faci-EN-TIBUS E-UM : * laudatio ejus manet | in se-CU-LUM SE-CULI.

4e Ton, *médiante* 4 syllabes, *finale* 5 syllabes. (*dominante* a.) **A**

a- Ga a- a a a a- a a a
CON-FI-tebor tibi, Domine | in
a a G- a b--a a a a-aa
toto COR-DE ME-o,* in concilio
a a a a a G a b-G-
justorum | et con-GRE-GA-TI-O-
E
NE.

Magna O-PE-RA DO-MINI:* exquisita in omnes VO-LUN-TA-TES E-JUS.

Confessio et magnificentia O-PUS E-JUS :* et justitia ejus manet | in SE-CU-LUM SE-CULI.

Memoriam fecit mirabilium suorum | misericors et mise-RA-TOR DO-MINUS:* escam de-DIT TI-MEN-TIBUS SE.

Memor erit in seculum | tes-ta-MEN-TI SU-I : virtutem operum suorum | annuntiabit PO-PU-LO SU-O.

Ut det illis hæredi-TA-TEM GEN-TIUM :* opera manuum ejus | veri-TAS ET JU-DI-CIUM.

Fidelia omnia mandata ejus | confirmata in se-CU-LUM SE-CULI,* facta in veritate ET Æ-QUI-TA-TE.

Redemptionem misit po-PU-LO SU-O :* mandavit in æternum | tes-TA-MEN-TUM SU-UM.

Sanctum et terribile NO-MEN E-JUS : initium sapienti-Æ TI-MOR DO-MINI.

Intellectus bonus | omnibus facien-TI-BUS E-UM* laudatio ejus manet | in SE-CU-LUM SE-CULI.

7e Ton ; *médiante* 4 syllabes, *finale* 4 syllabes. (*dominante* d.) **B**

La 4e finale diffère aux versets 3, 6, 9 et 10.

c-b cd- d d d d d- d d
CON-FI-tebor tibi, Domine |
d d d f- e d—e d d
in toto COR-DE ME-o,* in con-
d-dd d d- d d d d e-
cilio justorum | et congre-GA-
d c- b
TI-O-NE.

Magna O-PERA DO-MINI :* exquisita in omnes volun-TA-TES E-JUS.

Confessio et magnificentia O-PUS E-JUS :* et justitia ejus manet | in SE-CULUM SE-CULI (4e *finale* **ré ut** : secu-LUM SE-CU-LI).

Memoriam fecit mirabilium suorum | misericors et mise-RA-TOR DO-MINUS:* escam dedit ti-MEN-TI-BUS SE.

Memor erit in seculum | testa-MEN-TI SU-I :* virtutem operum suorum | annuntiabit PO-PULO SU-O.

Ut det illis hæredi-TA-TEM GEN-TIUM :* opera manuum ejus | veritas ET JU-DI-CIUM (4e *finale* **ré ut** ; et JU-DI-CI-UM).

Fidelia omnia mandata ejus | confirmata in SE-CULUM SE-CULI,* facta in veritate et Æ-

QUI-TA-TE.

Redemptionem misit PO-PU-LO SU-o :* mandavit in æternum | testa-MEN-TUM SU-UM.

Sanctum et terribile NO-MEN E-JUS :* initium sapientiæ TI-MOR DO-MINI (4e *finale* **ré ut** : ti-MOR DO-MI-NI).

Intellectus bonus | omnibus faci-EN-TIBUS E-UM :* laudatio ejus manet | in SE-CULUM SE-CULI (4e *finale* **ré ut** : secu-LUM SE-CU-LI).

---

## PSAUME 111. — *Beatus vir.*

**A** 1er, 5e, 6e et 8e Tons; *médiante* 2 syllab., *finale* 4 syllab.
La finale du 5e ton diffère au 3e verset.

**1er et 6e tons** (*dominante* a).
F- Ga a a a a a a--
BE-A-tus vir qui timet DO-
a a a a- a a a G F
MINUM,* in mandatis ejus VO-LET
G- G F Ga- G- F
NI-MIS (6e ton: vo-LET NI-MIS).

**5e ton** (*dominante* petit c).
F- a c c- c c c d-
BE-A-TUS vir qui timet DO-
c c c c- c c c d- b
MINUM* in mandatis ejus VO-LET
c- a
NI-MIS. — **8e ton** (*dominante*
G- a c c- c c
petit c). 1. BE-A-TUS vir qui ti-
c d- c c c c- c c
met DO-MINUM,* in mandatis e-
c b c a- G
jus VO-LET NI-MIS.

Potens in terra erit semen E-JUS : * generatio rectorum be-NE-DI-CE-TUR.

Gloria et divitiæ in domo E-JUS : * et justitia ejus manet | in se-CU-LUM SE-CULI (5e ton : SE-CULUM SE-CULI).

Exortum est in tenebris lumen REC-TIS, * misericors et misera-TOR ET JUS-TUS.

Jucundus homo qui miseretur et commodat, | disponet sermones in ju-DI-CIO : * quia in æternum non COM-MO-VE-BITUR.

In memoria æterna erit JUS-TUS : * ab auditione mala NON TI-ME-BIT.

Paratum cor ejus sperare in Domino, | confirmatum est cor E-JUS :* non commovebitur | donec despiciat ini-MI-COS SU-OS.

Dispersit, dedit pauperibus, | justitia ejus manet in seculum SE-CULI :* cornu ejus exaltabi-TUR IN GLO-RIA.

Peccator videbit et irascetur, | dentibus suis fremet et ta-BES-CET :* desiderium peccato-RUM PE-RI-BIT.

**B** 2e Ton ; *médiante* 2 syllabes, *finale* 3 syllabes. — 3e Ton, *médiante* 4 syllabes, *finale* 3 syllabes.

**2e ton** (*dominante* petit c.)
G- a c G- c c- c d-
BE-A-tus vir qui timet DO-
c c c c- c c- c c b
MINUM,* in mandatis ejus VO-LET
G- a
NI-MIS. **3e ton** (*même domi-

c- ac c c c d- c
*nante)*. BE-A-tus vir qui TI-MET
c-- c c c c- c c c
DO-MINUM :* in mandatis ejus
c a c- b- a
VO-LET NI-MIS.

Potens in terra erit SE-MEN E-JUS:* generatio rectorum bene-DI-CE-TUR.

Gloria et divitiæ in DO-MO E-JUS : * et justitia ejus manet | in secu-LUM SE-CULI.

Exortum est in tenebris LU-MEN REC-TIS, * misericors et miserator ET JUS-TUS.

Jucundus homo qui miseretur et commodat, | disponet sermones suos IN JU-DI-CIO : * quia in æternum non com-MO-VE-BITUR.

In memoria æterna E-RIT JUS-TUS ; * ab auditione mala non TI-ME-BIT.

Paratum cor ejus sperare in Domino, | confirmatum EST COR E-JUS : * non commovebitur, | donec despiciat inimicos SU-OS.

Dispersit dedit pauperibus, | justitia ejus manet in SE-CULUM SE-CULI : * cornu ejus exaltabitur IN GLO-RIA.

Peccator videbit et irascetur, | dentibus suis fremet ET TA-BES-CET : * desiderium peccatorum PE-RI-BIT.

3e Ton ; *médiante* 4 syllabes, *finale* 4 syllabes. (*dominante* petit c.) **A**

c-ac c c c d- c c--
BE-A-tus vir qui TI-MET DO-
c c c c- c c c b
MINUM : *in mandatis ejus VO-
ab- a- Ga-
LET NI-MIS.

Potens in terra erit SE-MEN E-JUS:* generatio rectorum be-NE-DI-CE-TUR.

Gloria et divitiæ in DO-MO E-JUS,* et justitia ejus manet | in se-cu-LUM SE-CULI.

Exortum est in tenebris LU-MEN REC-TIS :* misericors et misera-TOR ET JUS-TUS.

Jucundus homo qui miseretur et commodat, | disponet sermones suos IN JU-DI-CIO :* quia in æternum non com-MO-VE-BITUR.

In memoria æterna E-RIT JUS-TUS :* ab auditione mala NON TI-ME-BIT.

Paratum cor ejus sperare in Domino, | confirmatum EST COR E-JUS:* non commovebitur, | donec despiciat ini-MI-COS SU-OS.

Dispersit, dedit pauperibus, | justitia ejus manet in SE-CULUM SE-CULI:*cornu ejus exaltabi-TUR IN GLO-RIA.

Peccator videbit et irascetur | dentibus suis fremet ET TA-BES-CET :* desiderium peccato-RUM PE-RI-BIT.

4e Ton ; *médiante* 4 syllabes, *finale* 5 syllabes. (*dominante* a). **B**

a-Ga a a a G a b-
BE-A-tus vir qui TI-MET DO-
a a a a- a a G a b-
MINUM:*in mandatis e-JUS VOLET
G- E
NI-MIS.

Potens in terra erit SE-MEN E-JUS:* generatio rectorum BE-ne-di-ce-tur.

Gloria et div*i*tiæ in do-mo E-jus,* et just*i*tia ejus manet | in se-cu-LUM SE-culi.

Exortum est in tenebris lu-men REC-tis:* misericors et mise-ra-tor ET JUS-tus.

Juc*u*ndus homo qui miser*e*tur et commodat, | disp*o*net serm*o*nes suos in ju-DI-cio :* quia in æternum non com MO-VE-bitur.

In mem*o*ria æt*e*rna e-rit JUS-tus:* ab audit*i*one ma-la non TI-ME-bit.

Par*a*tum cor ejus sper*a*re in Domino, | confirm*a*tum est cor E-jus:* non commov*e*bitur | donec desp*i*ciat i-ni-mi-COS SU-os.

Dispersit, dedit paup*e*ribus, | just*i*tia ejus manet in se-cu-lum SE-culi :* cornu ejus exal-t*a*-bi-tur IN GLO-ria.

Pecc*a*tor videbit et irascetur | dentibus suis fremet et ta-BES-cet :* desid*e*rium pecca-to-rum PE-RI-bit.

**A** 7e Ton ; *médiante* 4 syllabes, *finale* 4 syllabes. (*dominante* d.)

La 4e finale diffère aux versets 1, 3, 5 et 8.

c-b cd- d d d f- e d--
BE-A-tus vir qui TI-met DO-
e e c c c- c c c c-
minum :* in mand*a*tis ejus VO-
d c- b-a e- d
let NI-mis ; (4e *finale:* VO-let
c d-c
NI-MIS).

Potens in terra erit SE-men E-jus:* gener*a*tio rect*o*rum be-NE-di-ce-tur.

Gloria et div*i*tiæ in DO-mo E-jus,* et just*i*tia ejus manet | in SE-culum SE-culi (4e *fin:* secu-LUM se-cu-LI).

Exortum est in tenebris LU-men REC-tis :* misericors et miser*a*-TOR et jus-tus.

Juc*u*ndus homo qui miser*e*tur et commodat, | disponet sermones suos IN ju-DI-cio :* quia in æternum non COM-mo-VE-bitur (4e *finale :* com-MO-ve-bi-TUR).

In mem*o*ria æterna E-rit JUS-tus: * ab audit*i*one mala NON ti-me-bit.

Par*a*tum cor ejus sper*a*re in Domino, | confirm*a*tum EST cor E-jus:* non commov*e*bitur | donec desp*i*ciat ini-MI-cos su-os.

Dispersit, dedit paup*e*ribus, | just*i*tia ejus manet in SE-culum SE-culi:* cornu ejus exal-t*a*bi-TUR in GLO-ria (4e *finale :* IN glo-ri-A).

Pecc*a*tor videbit et irasc*e*tur, | dentibus suis fremet ET ta-BES-cet :* desid*e*rium pec-cato-RUM pe-ri-bit.

---

## PSAUME 112. — *Laudate, pueri.*

**B** 1er et 8e Tons ; *médiante* 2 syllabes, *finale* 4 syllabes.

F
**1er ton** (*dominante* a). LAU-
Ga a a-a a a-- a a a
da-te, pueri, DO-minum :* lau-

B-A G F G- G G-FED
date NO-MEN DO-MINI.
Sit nomen Domini be-ne-DIC-TUM :* ex hoc nunc et usQUE IN SE-CULUM.
A solis ortu usque ad oc-CA-SUM :* laudabile NO-MEN DO-MINI.
Excelsus super omnes gentes DO-MINUS:* et super cœlos glo-RI-A E-JUS.
Quis sicut Dominus Deus noster | qui in altis HA-BITAT :* et humilia respicit | in cœlo ET IN TER-RA ?
Suscitans a terra I-NOPEM,* et de stercore e-RI-GENS PAU-PEREM.
Ut collocet eum cum prin-CI-PIBUS,* cum principibus po-PU-LI SU-I.
Qui habitare facit sterilem in DO-MO,* matrem filio-RUM LÆ-TAN-TEM.

2e Ton : *médiante* 2 syllabes, *finale* 3 syllabes.
3e Ton : *médiante* 4 syllabes, *finale* 3 syllabes. **A**

LAU-DA-te, PU-ERI, DO-MINUM,* laudate NO-MEN DO-MINI.
Sit nomen Domini BE-NE-DIC-TUM,* ex hoc nunc et usque IN SE-CULUM.
A solis ortu usque AD OC-CA-SUM,* laudabile NO-MEN DO-MINI.
Excelsus super omnes GEN-TES DO-MINUS:* et super cœlos glori-A E-JUS.
Quis sicut Dominus Deus noster | qui in AL-TIS HA-BITAT:* et humilia respicit | in cœlo et IN TER-RA ?
Suscitans a TER-RA I-NOPEM,* et de stercore eri-GENS PAU-PEREM.
Ut collocet eum CUM PRIN-CI-PIBUS,* cum principibus po-pu-LI SU-I.
Qui habitare facit steri-LEM IN DO-MO ,* matrem filiorum LÆ-TAN-TEM.

3e Ton : *médiante* 4 syllabes, *finale* 4 syllabes. **B**

LAU-DA-te PU-ERI DO-MINUM,* laudate NO-MEN DO-MINI.
Sit nomen Domini BE-NE-DIC-TUM ,* ex hoc nunc et usQUE IN SE-CULUM.
A solis ortu usque AD OC-CA-SUM,* laudabile NO-MEN DO-MINI.
Excelsus super omnes GEN-TES DO-MINUS :* et super cœlos glo-RI-A E-JUS.
Quis sicut Dominus Deus noster | qui in AL-TIS HA-BITAT*: et humilia respicit | in cœlo ET IN TER-RA.
Suscitans a TER-RA I-NOPEM,* et de stercore e-RI-GENS PAU-PEREM.
Ut collocet eum CUM PRIN-CI-PIBUS,* cum principibus po-PU-LI SU-I.
Qui habitare facit steri-LEM IN DO-MO,* matrem filio-RUM LÆ-TAN-TEM.

4e Ton : *médiante* 4 syllabes, *finale* 5 syllabes. **C**

LAU-DA-te pu-E-RI, DO-MINUM ,* lauda-TE NO-MEN DO-MINI.
Sit nomen Domini BE-NE-DIC-TUM,* ex hoc nunc et USQUE IN SE-CULUM.
A solis ortu usque AD OC-CA-

SUM :* laudabi-LE NO-MEN DO-MINI.

Excelsus super omnes GENTES DO-MINUS:* et super cœlos GLO-RI-A E-JUS.

Quis sicut Dominus Deus noster | qui in AL - TIS HA-BITAT :* et humilia respicit | in cœ-LO ET IN TER-RA.

Suscitans a TER-RA I-NOPEM, * et de stercore E-RI-GENS PAU-PEREM.

Ut collocet eum CUM PRIN-CI-PIBUS,* cum principibus PO-PU-LI SU-I.

Qui habitare facit steri-LEM IN DO-MO, * matrem fili-O-RUM LÆ-TAN-TEM.

**A** 5e Ton : *méd.* 2 syll. *fin.* 4 syll. 7e Ton. *méd.* 4 syll. *fin.* 4 syll.

La 4e finale du 7e ton diffère aux versets 1, 2, 3 et 6.

**5e ton.** LAU-DA-te pueri DO-MINUM, * laudate NO-MEN DO-MINI.

**7e ton.** LAU-DA-te PU-ERI DO-MINUM,*laudate NO-MEN DO-MINI. (4e *fin.* no-MEN DO-MI-NI.)

Sit nomen Domini BE-NE-DIC-TUM, * ex hoc nunc et US-QUE IN SE-CULUM. (4e *fin.* du 7e ton : usque IN SE-CU-LUM.)

A solis ortu usque AD OC-CA-SUM, * laudabile NO-MEN DO-MINI. (4e *fin.* du 7e ton : no-MEN DO-MI-NI.)

Excelsus super omnes GEN-TES DO-MINUS, * et super cœlos GLO-RIA E-JUS.

Quis sicut Dominus Deus noster | qui in AL-TIS HA-BITAT,* et humilia respicit | in cœlo ET IN TER-RA.

Suscitans a TER-RA I-NOPEM, * et de stercore E-RIGENS PAU-PEREM. (4e *fin.* du 7e ton : eri-GENS PAU-PE-REM.)

Ut collocet eum CUM PRIN-CI-PIBUS, * cum principibus PO-PULI SU-I.

Qui habitare facit steri-LEM IN DO-MO, * matrem filio-RUM LÆ-TAN-TEM.

## PSAUME 113. — *In exitu.*

**B** 1er Ton irrégulier. 3e Ton : *méd.* 4 syll., *fin.* 3 syll. 2e Ton, *méd.* 2 syll., *fin.* 3 syll.

**1er et 3e tons.** IN E-xitu Israel DE Æ-GYP-PTO, * domus Jacob de popu-LO BAR-BARO.

**2e ton.** IN E-xitu Israel de Æ-GYP-TO, * domus Jacob de popu-LO BAR-BARO.

Facta est Judæa sanctifi-CA-TIO E-JUS, * Israel potes-TAS E-JUS.

Mare VI-DIT ET FU-git, * Jordanis conversus est RE-TROR-SUM.

Montes exultaverunt UT A-RI-ETES, * et colles sicut A-GNI O-VIUM.

Quid est tibi mare QUOD FU-GIS-TI ? * et tu Jordanis | quia conversus es RE-TROR-SUM.

Montes exultastis si-CUT A-RI-ETES, * et colles sicut A-GNI O-VIUM ?

A facie Domini mo-TA EST TER-RA, * a facie De-I JA-COB.

Qui convertit petram in sta-gna a-qua-rum, * et rupem in fontes a-QUA-rum.

Non nobis, Domi-ne, non NO-bis; * sed nomini tuo da GLO-riam.

Super misericordia tua | et veri-ta-te TU-a; * nequando dicant gentes : | ubi est Deus e-O-rum.

Deus autem nos-ter in COE-lo; * omnia quaecumque volu-it FE-cit.

Simulacra gentium argen-tum et AU-rum, * opera manu-um HO-minum.

Os habent et non lo-QUEN-tur; * oculos habent et non vi-DE-bunt.

Aures habent et non AU-dient; * nares habent et non o-do-RA-bunt.

Manus habent et non palpa-bunt; | pedes habent et non am-bu-LA-bunt; * non clama-bunt in guttu-re SU-o.

Similes illis fiant qui fa-ciunt E-a, * et omnes qui confidunt in E-is.

Domus Israel spera-vit in DO-mino : * adjutor eorum | et protector e-o-RUM est.

Domus Aaron spera-vit in DO-mino : * adjutor eorum | et protector e-o-RUM est.

Qui timent Dominum spera-ve-runt in DO-mino : * adjutor eorum | et protector e-o-RUM est.

Dominus memor fu-it NOS-tri, * et benedi-xit NO-bis.

Benedixit do-mui IS-rael : * benedixit domu-i A-aron.

Benedixit omnibus qui ti-ment DO-minum, * pusillis cum ma-JO-ribus.

Adjiciat Domi-nus su-PER vos, * super vos et super fili-os VES-tros. (2e Ton : super VOS.

Benedicti vos a DO-mino, qui fecit cœlum et TER-ram.

Cœlum coe-li DO-mino ; * terram autem dedit fili-is HO-minum.

Non mortui lauda-bunt te, DO-mine, * neque omnes qui descendunt in in-FER-num.

Sed nos qui vivimus | bene-di-cimus DO-mino,* ex hoc nunc et usque in SE-culum.

4e Ton : *médiante* 4 syllabes, *finale* 5 syllabes. **A**

IN e-xitu Israel de æ-GYP-to, * domus Jacob de po-pu-LO BAR-baro.

Facta est Judæa sanctifica-ti-o E-jus,* Israel po-tes-TAS E-jus.

Mare vi-dit et FU-git;* Jor-danis conver-sus est RE-TROR-sum.

Montes exultaverunt ut a-RI-etes,* et colles si-cut a-GNI O-vium.

Quid est tibi mare quod fu-GIS-ti?* et tu, Jordanis, | quia conver-sus est RE-TROR-sum ?

Montes exultastis si-cut a-RI-etes,* et colles si-cut a-GNI O-vium ?

A facie Domini mo-ta est TER-ra, * a faci-e De-I JA-cob.

Qui convertit petram in sta-gna a-QUA-rum, * et rupem in fon-tes A-QUA-rum.

Non nobis, Domi-ne, non NO-bis; * sed nomini tu-o DA GLO-riam.

Super misericordia tua | et veri-TA-TE TU-A:* nequando dicant gentes : | ubi est DE-US E-O-RUM.

Deus autem nos-TER IN COE-LO :* omnia quaecumque VO-LU-IT FE-CIT.

Simulacra gentium argen-TUM ET AU-RUM,* opera MA-NU-UM HO-MINUM

Os habent et NON LO-QUEN-TUR :* oculos habent, ET NON VI-DE-BUNT.

Aures habent, ET NON AU-DIENT :* nares habent, et NON O-DO-RA-BUNT.

Manus habent et non palpabunt ; | pedes habent, et non AM-BU-LA-BUNT :* non clamabunt in GUT-TU-RE SU-O.

Similes illis fiant qui fa-CI-UNT E-A,* et omnes qui con-FI-DUNT IN E-IS.

Domus Israel spera-VIT IN DO-MINO :* adjutor eorum | et protec-TOR E-O-RUM EST.

Domus Aaron spera-VIT IN DO-MINO :* adjutor eorum | et protec-TOR E-O-RUM EST.

Qui timent Dominum spera-ve-RUNT IN DO-MINO :* adjutor eorum | et protec-TOR E-O-RUM EST.

Dominus memor FU-IT NOS-TRI,* et be-NE-DI-XIT NO-BIS.

Benedixit do-MU-I IS-RAEL,* benedixit DO-MU-I A-ARON.

Benedixit omnibus qui TI-MENT DO-MINUM,* pusil-LIS CUM MA-JO-RIBUS.

Adjiciat Dominus SU-PER VOS,* super vos et super FI-LI-OS VES-TROS.

Benedicti VOS A DO-MINO* qui fecit COE-LUM ET TER-RAM.

Cœlum COE-LI DO-MINO,* terram autem dedit FI-LI-IS HO-MINUM.

Non mortui lauda-BUNT TE, DO-MINE,* neque omnes qui descen-DUNT IN IN-FER-NUM.

Sed nos qui vivimus, | benedi-CI-MUS DO-MINO,* ex hoc nunc, et US-QUE IN SE-CULUM.

**A** 5e et 8e Tons : *méd.* 2 syll., *fin.* 4 syll.
La finale du 8e ton diffère aux 11, 12, 15, 21, 23 et 25e versets.

IN E-xitu Israel de Æ-GYP-TO,* domus Jacob de PO-PULO BAR-BARO. (**8e ton** PO-PU-LO BAR-BARO.)

Facta est Judæa sanctificatio E-JUS,* Israel po-TES-TAS E-JUS.

Mare vidit et FU-GIT ;* Jordanis conversus EST RE-TROR-SUM.

Montes exultaverunt ut a-RI-ETES,* et colles sicut A-GNI O-VIUM.

Quid est tibi mare quod fu-GIS-TI ?* et tu, Jordanis, | quia conversus EST RE-TROR-SUM ?

Montes exultastis sicut a-RI-ETES,* et colles sicut A-GNI O-VIUM.

A facie Domini mota est TER-RA,* a facie DE-I JA-COB.

Qui convertit petram in stagna a-QUA-RUM,* et rupem in fon-TES A-QUA-RUM.

Non nobis, Domine, non NO-BIS ;* sed nomini tu-O DA GLO-RIAM.

Super misericordia tua | et veritate TU-A,* nequando dicant gentes : | ubi est De-US E-O-RUM.

Deus autem noster in COE-lo : * omnia quæcumque VO-luit FE-cit. (**8e ton** vo-lu-it FE-cit.)

Simulacra gentium argentum et AU-rum, * opera * MA-nuum HO-minum. (**8e ton** ma-nu-um HO-minum.)

Os habent et non lo-QUEN-tur; * oculos habent, et non vi-DE-bunt.

Aures habent et non AU-dient; * nares habent et non o-do-RA-bunt.

Manus habent et non palpabunt ; | pedes habent, et non ambu-LA-bunt : * non clamabunt in GUT-ture SU-o. (**8e ton** gut-tu-re SU-o.)

Similes illis fiant qui faciunt E-a, * et omnes qui confi-dunt in E-is.

Domus Israel speravit in DO-mino, * adjutor eorum | et protector e-o-RUM est.

Domus Aaron speravit in DO-mino, * adjutor eorum | et protector e-o-RUM est.

Qui timent Dominum | speraverunt in DO-mino : * adjutor eorum | et protector e-o-RUM est.

Dominus memor fuit NOS-tri, * et bene-di-xit NO-bis.

Benedixit domui IS-rael : * benedixit DO-mui A-aron. (**8e ton** do-mu-i A-aron.)

Benedixit omnibus qui timent DO-minum, * pusillis cum ma-JO-ribus.

Adjiciat Dominus super VOS, * super vos et super FI-lios VES-tros. (**8e ton** fi-li-os VES-tros.)

Benedicti vos a DO-mino * qui fecit cœ-lum et TER-ram.

Cœlum cœli DO-mino : * terram autem dedit FI-liis HO-minum. (**8e ton** fi-li-is HO-minum.)

Non mortui laudabunt te DO-mine, * neque omnes qui descendunt in in-FER-num.

Sed nos qui vivimus | benedicimus DO-mino, * ex hoc nunc et us-que in SE-culum.

### 7e Ton : *médiante* 4 syllabes, *finale* 4 syllabes. A

La 4e finale seule est employée.

IN E-xitu Israel DE æ-GYP-to, * domus Jacob de popu-LO bar-ba-RO.

Facta est Judæa sanctifi-CA-tio E-jus, * Israel po-TES-tas e-JUS.

Mare vi-DIT et FU-git, * Jordanis conversus EST re-tror-SUM.

Montes exultaverunt UT a-RI-etes, * et colles sicut a-GNI o-vi-UM.

Quid est tibi mare, QUOD fu-GIS-ti ? * et tu, Jordanis, | quia conversus ES re-tror-SUM?

Montes exultastis si-CUT a-RI-etes, * et colles sicut a-GNI o-vi-UM?

A facie Domini mo-TA est TER-ra, * a facie DE-i * ja-COB.

Qui convertit petram in sta-GNA a-QUA-rum, * et rupem in fon-TES a-qua-RUM.

Non nobis Domi-NE non NO-bis ; * sed nomini tuo DA glo-ri-AM.

Super misericordia tua | et

veri-TA-TE TU-A:* nequando dicant gentes : | ubi est De-US E-O-RUM?

Deus autem nos-TER IN COE-LO :* omnia quæcumque VO-LUIT FE-CIT.

Simulacra gentium argen-TUM ET AU-RUM,* opera manu-UM HO-MI-NUM.

Os habent et NON LO-QUEN-TUR,* oculos habent, et NON VI-DE-BUNT.

Aures habent, ET NON AU-DIENT,* nares habent, et non O-DO-RA-BUNT.

Manus habent et non palpabunt ; | pedes habent et non AM-BU-LA-BUNT :* non clamabunt in GUT-TURE SU-O.

Similes illis fiant qui FA-CIUNT E-A,* et omnes qui confi-DUNT IN E-IS.

Domus Israel spera-VIT IN DO-MINO :* adjutor eorum | et protector E-O-RUM EST.

Domus Aaron spera-VIT IN DO-MINO :* adjutor eorum | et protector E-O-RUM EST.

Qui timent Dominum spera-ve-RUNT IN DO-MINO :* adjutor eorum | et protector E-O-RUM EST.

Dominus memor FU-IT NOS-TRI,* et bene-DI-XIT NO-BIS.

Benedixit DO-MUI IS-RAEL,* benedixit DO-MUI A-ARON.

Benedixit omnibus qui TI-MENT DO-MINUM,* pusillis cum MA-JO-RI-BUS.

Adjiciat Domi-NUS SU-PER VOS,* super vos et super FI-LIOS VES-TROS.

Benedicti VOS A DO-MINO,* qui fecit coe-LUM ET TER-RAM.

Cœlum COE-LI DO-MINO :* terram autem dedit fili-IS HO-MI-NUM.

Non mortui lauda-BUNT TE DO-MINE,* neque omnes qui descendunt IN IN-FER-NUM.

Sed nos qui vivimus, | bene-DI-CIMUS DO-MINO,* ex hoc nunc, et usque IN SE-CU-LUM.

## PSAUME 115. — *Credidi.*

A 1er, 5e et 8e Tons : *médiante* 2 syllabes, *finale* 4 syllabes.
Le 5e ton diffère au 5e verset.

**1er ton** CRE-DIDI... **5e et 8e tons** CRE-DI-di propter quod locutus SUM :* ego autem humilia-TUS SUM NI-MIS.

Ego dixi in excessu ME-O :* omnis HO-MO MEN-DAX.

Quid retribuam DO-MINO,* pro omnibus quæ retri-BU-IT MI-HI ? ( **5e ton** re-TRI-BUIT MI-HI ? )

Calicem salutaris ac-CI-PIAM,* et nomen Domini IN-VO-CA-BO.

Vota mea Domino reddam | coram omni populo E-JUS ;* pretiosa in conspectu Domini | mors sanc-TO-RUM E-JUS.

O Domine ! quia ego servus TU-US :* ego servus tuus, | et filius an-CIL-LÆ TU-Æ.

Dirupisti vincula ME-A ;* tibi sacrificabo hostiam laudis, | et nomen Domini IN-VO-CA-BO.

Vota mea Domino reddam | in conspectu omnis populi E-JUS,* in atriis domus Domini, | in medio tu-I JE-RU-SALEM.

2e Ton : *médiante* 2 syllabes, *finale* 3 syllabes. — 3e Ton ; *médiante* 4 syllabes, *finale* 3 syllabes. **A**

**2e ton.** CRE-DI-di propter quod loc*u*tus SUM :* ego autem humili*a*tus SUM NI-MIS.

**3e ton.** CRE-DIDI propter quod LO-CU-TUS SUM :* ego autem humili*a*tus SUM NI-MIS.

Ego dixi in ex-CES-SU ME-O:* omnis ho-MO MEN-DAX.

Quid re-TRI-BUAM DO-MINO,* pro *o*mnibus quæ retr*i*bu-IT MI-HI.

C*a*licem salut*a*-RIS AC-CI-PIAM,* et nomen Domini in-VO-CA-BO.

Vota mea Domino reddam | coram omni PO-PULO E-JUS :* preti*o*sa in conspectu Domini | mors sanct*o*-RUM E-JUS.

O Domine ! quia ego SER-VUS TU-US :* ego servus tuus, | et filius anc*i*l-LÆ TU-Æ.

Dirup*i*sti VIN-CULA ME-A :* tibi sacrific*a*bo hostiam laudis, | et nomen Domini IN-VO-CA-BO.

Vota mea Domino reddam | in conspectu omnis PO-PULI E-JUS :* in *a*triis domus Domini, | in medio tui JE-RU-SALEM.

3e Ton : *médiante* 4 syllabes, *finale* 4 syllabes. **B**

CRE-DIDI propter quod LO-CU-TUS SUM :* ego autem humili*a*-TUS SUM NI-MIS.

Ego dixi in ex-CES-SU ME-O :* omnis HO-MO MEN-DAX.

Quid re-TRI-BUAM DO-MINO,* pro *o*mnibus quæ retr*i*-BU-IT MI-HI.

C*a*licem saluta-RIS AC-CI-PIAM :* et nomen Domini IN-VO-CA-BO.

Vota mea Domino reddam | coram omni PO-PULO E-JUS :* pretiosa in conspectu Domini | mors sanc-TO-RUM E-JUS.

O Domine ! quia ego SER-VUS TU-US :* ego servus tuus, | et filius an-CIL-LÆ TU-Æ.

Dirup*i*sti VIN-CULA ME-A :* tibi sacrific*a*bo hostiam laudis | et nomen Domini IN-VO-CA-BO.

Vota mea Domino reddam | in conspectu omnis PO-PULI E-JUS,* in *a*triis domus Domini, | in medio tu-I JE-RU-SALEM.

4e Ton : *médiante* 4 syllabes, *finale* 5 syllabes. **C**

CRE-DIDI propter quod lo-CU-TUS SUM :* ego autem humili-A-TUS SUM NI-MIS.

Ego dixi in ex-CES-SU ME-O:* om-NIS HO-MO MEN-DAX.

Quid retr*i*-BU-AM DO-MINO,* pro *o*mnibus quæ re-TRI-BU-IT MI-HI.

C*a*licem salut*a*-RIS AC-CI-PIAM,* et nomen Domi-NI IN-VO-CA-BO.

Vota mea Domino reddam | coram omni po-PU-LO E-JUS :* pretiosa in conspectu Domini | mors SANC-TO-RUM E-JUS.

O Domine! quia ego SER-VUS TU-US :* ego servus tuus | et filius AN-CIL-LÆ TU-Æ.

Dirupisti VIN-CU-LA ME-A :* tibi sacrificabo hostiam laudis, | et nomen Domi-NI IN-VO-CA-BO.

Vota mea Domino reddam | in conspectu omnis po-PU-LI E-JUS,* in atriis domus Domini | in medio TU-I JE-RU-SALEM.

**A** 7e Ton ; *médiante* 4 syllabes, *finale* 4 syllabes.
La 4e finale diffère au dernier verset.

CRE-DIDI propter quod LO-CU-TUS SUM :* ego autem humilia-TUS SUM NI-MIS.

Ego dixi in EX-CES-SU ME-O* omnis HO-MO MEN-DAX.

Quid re-TRI-BUAM DO-MINO,* pro omnibus quæ re-TRI-BUIT MI-HI ?

Calicem saluta-RIS AC-CI-PIAM* et nomen Domini IN-VO-CABO.

Vota mea Domino reddam | coram omni PO-PULO E-JUS :* pretiosa in conspectu Domini | mors sanc-TO-RUM E-JUS.

O Domine ! quia ego SER-VUS TU-US :* ego servus tuus, | et filius an-CIL-LÆ TU-Æ.

Dirupisti VIN-CULA ME-A :* tibi sacrificabo hostiam laudis | et nomen Domini IN-VO-CA-BO.

Vota mea Domino reddam | in conspectu omnis PO-PULI E-JUS,* in atriis domus Domini | in medio tu-I JE-RU-SALEM (4e *fin* : tui JE-RU-SA-LEM).

## PSAUME 116. — *Laudate Dominum omnes gentes.*

**B** 1er, 5e, 6e et 8e Tons : *médiante* 2 syllab., *finale* 4 syllab.

LAU-DA-te Dominum omnes GEN-TES,* laudate eum OM-NES PO-PULI.

Quoniam confirmata est super nos | misericordia E-JUS,* et veritas Domini manet IN Æ-TER-NUM.

**C** 3e Ton avec 1re *finale*;
7e Ton ; *médiante* 4 syllabes, *finale* 4 syllabes.

LAU-DA-te Dominum OM-NES GEN-TES,* laudate eum OM-NES PO-PULI (4e *finale du* 7e *ton* : om-NES PO-PU-LI).

Quoniam confirmata est super | nos miseri-COR-DIA E-JUS :* et veritas Domini manet IN Æ-TER-NUM.

**D** 3e Ton *avec* 2e *et* 3e *fin.* : *méd.* 4 syllabes, *fin.* 3 syllabes.
2e Ton ; *médiante* 2 syllabes, *finale* 3 syllabes.

LAU-DA-te Dominum OM-NES GEN-TES,* laudate eum om-NES PO-PULI.

Quoniam confirmata est super nos | miseri-COR-DIA E-JUS* et veritas Domini manet in Æ-TER-NUM

4e Ton : *médiante* 4 syllabes, *finale* 5 syllabes. **A**

LAU-DA-te Dominum OM-NES GEN-TES,* laud*a*te E-UM OM-NES PO-PULI.

Quoniam confirm*a*ta est super nos | misericor-DI-A E-JUS,* et veritas Domini ma-NET IN Æ-TER-NUM.

---

## PSAUME 121. — *Lætatus sum.*

2e Ton : *médiante* 2 syllabes. 3e Ton avec 2e et 3e finales : *médiante* 4 syllabes, *finale* 3 syllabes. **B**

**2e ton** LÆ-TA-tus sum | in his quæ dicta sunt MI-HI :* in domum Domi-NI I-BIMUS.

**3e ton** LÆ-TA-tus sum | in his quæ dic-TA SUNT MI-HI :* in domum Domi-NI I-BIMUS.

Stantes erant PE-DES NOS-TRI* in *a*triis tuis JE-RU-SALEM.

Jer*u*salem, quæ ædific*a*-TUR UT CI-VITAS,* cujus particip*a*tio ejus in ID-I-PSUM.

Illuc enim ascend*e*runt tribus, | TRI-BUS DO-MINI,* testim*o*nium Israel | ad confit*e*ndum nomi-NI DO-MINI.

Quia illic sed*e*runt sedes IN JU-DI-CIO,* sedes super do-MUM DA-VID.

Rog*a*te quæ ad pacem SUNT JE-RU-SALEM,* et abund*a*ntia dilig*e*n-TI-BUS TE.

Fiat pax in VIR-TU-TE TU-A,* et abund*a*ntia in *tu*rri-BUS TU-IS.

Propter fratres meos | et PRO-XIMOS ME-OS* loqu*e*bar pa-CEM DE TE.

Propter domum Domini DE-I NOS-TRI* quæs*i*vi bo-NA TI-BI.

3e Ton avec 1re finale : *méd* 4 syll., *fin.* 4 syll. **C**

LÆ-TA tus sum | in his quæ dic-TA SUNT MI-HI :* in domum Do-MI-NI I-BIMUS.

Stantes erant PE-DES NOS TRI * in *a*triis tu-IS, JE-RU-SALEM.

Jer*u*salem, quæ ædifica-TUR *UT CI-VITAS,* cujus particip*a*tio ejus IN ID-I-PSUM.

Illuc enim ascend*e*runt tribus, | TRI-BUS DO-MINI,* testimonium Israel | ad confit*e*ndum DO-MI-NI DO-MINI.

Quia illic sed*e*runt sedes IN JU-DI-CIO :* sedes super DO-MUM DA-VID.

Rog*a*te quæ ad pacem SUNT JE-RU-SALEM,* et abund*a*ntia di-LI-GEN-TIBUS TE.

Fiat pax in VIR-TU-TE TU-A,* et abund*a*ntia in tur-RI-BUS TU-IS.

Propter fratres meos | et PRO-XIMOS ME-OS * loqu*e*bar PA-CEM DE TE.

Propter domum Domini DE-I NOS-TRI * quæs*i*vi BO-NA TI-BI.

**A** 4e Ton : *médiante* 4 syllabes, *finale* 5 syllabes.

LÆ-TA-tus sum | in his quæ dic-TA SUNT MI-HI : * in domum DO-MI-NI I-BIMUS.

Stantes erant PE-DES NOS-TRI* in *a*triis TU-IS JE-RU-SALEM.

Jer*u*salem, quæ ædific*a*-TUR UT CI-VITAS,* cujus particip*a*tio e-JUS IN ID-I-PSUM.

Illuc enim ascend*e*runt tribus, | TRI-BUS DO-MINI,* testimonium Israel | ad confitendum NO-MI-NI DO-MINI.

Quia illic sed*e*runt sedes IN JU-DI-CIO : * sedes SU-PER DO-MUM DA-VID.

Rog*a*te quæ ad pacem SUNT JE-RU-SALEM, * et abund*a*ntia DI-LI-GEN-TI-BUS TE.

Fiat pax in VIR-TU-TE TU-A, * et abund*a*ntia in TUR-RI-BUS TU-IS.

Propter fratres meos | et PRO-XI-MOS ME-OS * loqu*e*-BAR PA-CEM DE TE.

Propter domum Domini DE-I NOS-TRI* quæs*i*-VI BO-NA TI-BI.

**B** 6e et 8e Tons : *médiante* 2 syllabes, *finale* 4 syllabes.
Le 8e ton diffère au 6e verset.

LÆ-TA-tus sum | in his quæ dicta sunt MI-HI : * in domum DO-MI-NI I-BIMUS.

Stantes erant pedes NOS-TRI* in *a*triis tu-IS JE-RU-SALEM.

Jer*u*salem, quæ ædific*a*tur ut CI-VITAS, * cujus particip*a*tio ejus IN ID-I-PSUM.

Illuc enim ascend*e*runt tribus, | tribus DO-MINI : * testimonium Israel | ad confitendum NO-MI-NI DO-MINI.

Quia illic sed*e*runt sedes in ju-DI-CIO : * sedes super DO-MUM DA-VID.

Rog*a*te quæ ad pacem sunt Je-RU-SALEM, * et abund*a*ntia di-LI-GEN-TIBUS TE. (**8e ton** dili-GEN-TI-BUS TE.)

Fiat pax in virt*u*te TU-A, * et abund*a*ntia in t*u*r-RI-BUS TU-IS.

Propter fratres meos | et proximos ME-OS * loqu*e*bar PA-CEM DE TE.

Propter domum Domini Dei NOS-TRI * quæs*i*vi BO-NA TI-BI.

---

## PSAUME 125. — *In convertendo.*

**C** 7e Ton : *méd.* 4 syll. 8e Ton : *méd.* 2 syll., *fin.* 4 syll.
Le 8e ton diffère aux 7e et 8e versets.

IN CON-vertendo Dominus | captivi-TA-TEM SI-ON,* facti sumus sicut CON-SO-LA-TI.

Tunc repletum est g*a*udi-o os NOS-TRUM,* et lingua nostra exul-TA-TI-O-NE.

Tunc dicent IN-TER GEN-TES : * magnific*a*vit Dominus f*a*ce-RE CUM E-IS.

Magnific*a*vit Dominus f*a*ce-RE NO-BIS-CUM ; * facti SU-MUS LÆ-TAN-TES.

Conv*e*rte, Domine, captivi-TA-TEM NOS-TRAM, * sicut tor-RENS IN AUS-TRO.

Qui s*e*mi-NANT IN LA-CRYMIS,

* in exultati-o-NE ME-TENT.

Euntes i-BANT ET FLE-BANT, * mittentes SE-MINA SU-A. (8e ton se-MI-NA SU-A.)

Venientes autem venient cum exul-TA-TI-O-NE,* portantes ma-NI-PULOS SU-OS. (8e ton ma ni-PU-LOS SU-OS.)

## PSAUME 126. — *Nisi Dominus.*

1er et 8e Tons : *médiante* 2 syllabes, *finale* 4 syllabes. **A**

NI-SI Dominus ædificaverit DO-MUM, * in vanum laboraverunt | qui ædi-FI-CANT E-AM.

Nisi Dominus custodierit ci-vi-TA-TEM,* frustra vigilat qui CUS-TO-DIT E-AM.

Vanum est vobis ante lucem SUR-GERE : * surgite postquam sederitis, | qui manducatis pa-NEM DO-LO-RIS.

Cum dederit dilectis suis SOM-NUM : * ecce hæreditas Domini, filii : | merces, FRUC-TUS VEN-TRIS.

Sicut sagittæ in manu po-TEN-TIS, * ita filii EX-CUS-SO-RUM.

Beatus vir | qui implevit desiderium suum ex I-PSIS : * non confundetur | cum loquetur inimicis su-IS IN POR-TA.

3e Ton avec 1re fin. ; et 7e Ton : *méd.* 4 syll., *fin.* 4 syll. **B**

NI-SI Dominus ædifi-CA-VERIT DO-MUM,* in vanum laboraverunt | qui ædi-FI-CANT E-AM. (7e ton æ-DI-FICANT E-AM.)

Nisi Dominus custodierit CI-VI-TA-TEM, * frustra vigilat qui CUS-TO-DIT E-AM.

Vanum est vobis ante LU-CEM SUR-GERE : * surgite postquam sederitis, | qui manducatis pa-NEM DO-LO-RIS.

Cum dederit dilectis SU-IS SOM-NUM : * ecce hæreditas Domini, filii ; | merces, FRUC-TUS VEN-TRIS.

Sicut sagittæ in ma-NU PO-TEN-TIS, * ita filii EX-CUS-SO-RUM.

Beatus vir | qui implevit desiderium su-UM EX I-PSIS : * non confundetur | cum loquetur inimicis SU-IS IN POR-RA.

4e Ton : *médiante* 4 syllabes, *finale* 5 syllabes. **C**

NI-SI Dominus ædifica-VE-RIT DO-MUM, * in vanum laboraverunt | qui æ-DI-FI-CANT E-AM.

Nisi Dominus custodierit CI-VI-TA-TEM, * frustra vigilat qui CUS-TO-DIT E-AM.

Vanum est vobis ante LU-CEM SUR-GERE : * surgite postquam sederitis, | qui manducatis PA-NEM DO-LO-RIS.

Cum dederit dilectis SU-IS SOM-NUM : * ecce hæreditas Domini, filii; | mer-CES, FRUC-TUS VEN-TRIS.

Sicut sagittæ in ma-NU PO-TEN-TIS, * ita filii EX-CUS-SO-RUM.

Beatus vir | qui implevit desiderium SU-UM EX I-PSIS : * non confundetur | cum loquetur inimicis SU-IS IN POR-TA.

## PSAUME 127. — *Beati omnes... qui ambulant.*

**A** 4e Ton : *médiante* 4 syllabes, *finale* 5 syllabes.

BE-A-ti omnes qui TI-MENT DO-MINUM, * qui ambulant IN VI-IS E-JUS.

Labores manuum tuarum | quia MAN-DU-CA-BIS : * beatus es et be-NE TI-BI E-RIT.

Uxor tua sicut VI-TIS A-BUN-DANS * in lateri-BUS DO-MUS TU-Æ.

Filii tui sicut novellæ O-LI-VA-RUM * in circui-TU MEN-SÆ TU-Æ.

Ecce sic benedi-CE-TUR HO-MO * QUI TI-MET DO-MINUM.

Benedicat tibi Domi-NUS EX SI-ON ; * et videas bona Jerusalem | omnibus die-BUS VI-TÆ TU-Æ.

Et videas filios filio-RUM TU-O-RUM, * pa-CEM SU-PER IS-RAEL.

## PSAUME 129. — *De profundis.*

**B** 4e Ton : *médiante* 4 syllabes, *finale* 5 syllabes.

DE PRO-fundis clamavi AD TE DO-MINE : * Domine, exau-DI VO-CEM ME-AM.

Fiant aures tuæ IN-TEN-DEN-TES * in vocem depreca-TI-O-NIS ME-Æ.

Si iniquitates observa-VE-RIS, DO-MINE, * Domine, QUIS SUS-TI-NE-BIT ?

Quia apud te propitia-TI-O EST, * et propter legem tuam susti-NU-I TE, DO-MINE.

Sustinuit anima mea in VER-BO E-JUS, * speravit anima ME-A IN DO-MINO.

A custodia matutina US-QUE AD NOC-TEM, * speret IS-RA-EL IN DO-MINO.

Quia apud Dominum mi-SE-RI-COR-DIA, * et copiosa apud E-UM RE-DEMP-TIO.

Et ipse re-DI-MET IS-RAEL * ex omnibus iniqui-TA-TI-BUS E-JUS.

## PSAUME 131. — *Memento.*

**C** 7e Ton : *médiante* 4 syllabes, 4e *finale* 4 syllabes.
8e Ton : *médiante* 2 syllabes, *finale* 4 syllabes.
La finale du 8e ton diffère aux 16e et 19e versets.

**7e ton** ME-MEN-to DO-MINE DA-VID, * et omnis mansue-TU-DINIS E-JUS. **8e ton** ME-MEN-to Domine DA-VID, * et omnis mansuetu-DI-NIS E-JUS.

Sicut ju-RA-VIT DO-MINO:* vo-tum vovit DE-O JA-COB.

Si introiero in tabernaculum DO-MUS ME-Æ:* si ascendero in lectum STRA-TI ME-I.

Si dedero somnum O-CULIS ME-IS :* et palpebris meis dor-mi-TA-TI-O-NEM :

Et requiem temporibus meis | donec inveniam LO-CUM DO-MINO,* tabernaculum DE-O JA-COB.

Ecce audivimus eam IN E-PHRA-TA : * invenimus eam in CAM-PIS SYL-VÆ.

Introibimus in taber-NA-CULUM E-JUS:* adorabimus in loco | ubi steterunt PE-DES E-JUS.

Surge, Domine, in RE-QUIEM TU-AM;* tu et arca sanctificati-O-NIS TU-Æ.

Sacerdotes tui induan-TUR JUS-TI-TIAM,* et sancti tu-I EX-UL-TENT.

Propter David SER-VUM TU-UM,* non avertas faciem CHRIS-TI TU-I.

Juravit Dominus David ve-ritatem, | et non frus-TRA-BITUR E-AM :* de fructu ventris tui | ponam super SE-DEM TU-AM.

Si custodierint filii tui | tes-ta-MEN-TUM ME-UM,* et testimo-nia mea hæc, | quæ do-CE-BO E-OS.

Et filii eorum US-QUE IN SE-CULUM, * sedebunt super SE-DEM TU-AM.

Quoniam elegit DO-MINUS SI-ON,* elegit eam in habitati-o-NEM SI-BI.

Hæc requies mea in SE-CULUM SE-CULI :* hic habitabo, quoniam e-LE-GI E-AM.

Viduam ejus benedicens BE-NE-DI-CAM : * pauperes ejus sa-tura-BO PA-NI-BUS (**8e ton** sa-tu-RA-BO PA-NIBUS).

Sacerdotes ejus induam SA-LU-TA-RI,* et sancti ejus exul-tatione EX-UL-TA-BUNT.

Illuc producam COR-NU DA-VID :* paravi lucernam CHRIS-TO ME-O.

Inimicos ejus induam con-FU-SI-O-NE :* super ipsum au-tem | efflorebit sanctifi-CA-TIO ME-A) (**8e ton** sanctifica-TI-O ME-A.

## PSAUME 137. — *Confitebor . . . in conspectu.*

7e Ton · *médiante* 4 syllabes, 4e *finale* 4 syllabes. **A**

CON-FI-tebor tibi, Domine, | in toto COR-DE ME-O ;* quo-niam audisti verba O-RIS ME-I.

In conspectu Angelorum PSAL-LAM TI-BI :* adorabo ad templum sanctum tuum, | et confitebor NO-MINI TU-O.

Super misericordia tua, | et veri-TA-TE TU-A;* quoniam ma-gnificasti super omne, | nomen SANC-TUM TU-UM.

In quacumque die, invoca-vero te, | EX-AU-DI ME ;* mul-tiplicabis in anima me-A VIR-TU-TEM.

Confiteantur tibi, Domine, omnes RE-GES TER-RÆ :* quia audierunt omnia verba O-RIS

TU-I.

Et cantent in VI-IS DO-MINI.* quoniam magna est glori-A DO-MI-NI.

Quoniam excelsus Dominus, | et hu-MI-LIA RES-PICIT :* et alta a lon-GE CO-GNOS-CIT.

SI ambulavero in medio tribulationis, | vivi-FI-CA-BIS ME:* et super iram inimicorum meorum extendisti manum tuam, | et salvum me fecit DEXTERA TU-A.

Dominus re-TRI-BUET PRO ME :* Domine misericordia tua in seculum : | opera manuum tuarum ne DES-PI-CI-AS.

---

## PSAUME 138. — *Domine, probasti me.*

A 2e Ton : *médiante* 2 syllabes, *finale* 3 syllabes.
3e Ton avec la 2e finale ; *médiante* 4 syll., *finale* 3 syll.

Les médiantes diffèrent aux 7, 9, 10 et 13e versets.

**2e ton** DO-MI-ne, probasti me | et cognovisti ME; * tu cognovisti sessionem meam | et resurrectio-NEM ME-AM.

**3e ton** DO-MINE, probasti me | et cog-NO-VIS-TI ME ; * tu cognovisti sessionem meam | et resurrectio-NEM ME-AM.

Intellexisti cogitationes meAS DE LON-GE ; * semitam meam | et funiculum meum investi-GAS-TI.

Et omnes vias meas PRÆ-VIDIS-TI ; * quia non est sermo in lin-GUA ME-A.

Ecce, Domine, | tu cognovisti omnia novissima ET ANTI-QUA ; * tu formasti me | et posuisti super me ma-NUM TU-AM.

Mirabilis facta est | scientia TU-A EX ME ; * confortata est, et non potero AD E-AM.

Quo ibo a SPI-RITU TU-o ? * et quo a facie tu-A FU-GIAM ?

Si ascendero in cœlum, | tu illic ES (**3e ton** TU IL-LIC ES) ; * si descendero in infernum, A-DES.

Si sumpsero pennas me-AS DI-LU-CULO, * et habitavero in extre-MIS MA-RIS.

Etenim illuc manus tua deducet ME;* (**3e ton** DE-DU-CET ME) et tenebit me dexte-RA TU-A.

Et dixi : | forsitan tenebræ conculcabunt ME, * (**3e ton** con-CUL-CA-BUNT ME), * et nox illuminatio mea | in delici-IS ME-IS

Quia tenebræ non obscurabuntur a te, | et nox sicut dies il-LU-MI-NA-BITUR, * sicut tenebræ ejus, | ita et lu-MEN E-JUS.

Quia tu possedisti RE-NES ME-OS;* suscepisti me de utero ma-TRIS ME-Æ.

Confitebor tibi, | quia terribiliter magnificatus ES ; * (**3e ton** magni-FI-CA-TUS ES);* mirabilia opera tua, | anima mea cognos-CIT NI-MIS.

Non est occultatum os meum a te, | quod fecisti IN OC-CULTO, * et substantia mea in inferiori-BUS TER-RÆ.

Imperfectum meum viderunt oculi tui, | et in libro tuo omnes scri-BEN-tur :* dies formabuntur, et nemo in E-is.

Mihi autem nimis honorati sunt | amici tu-i, DE-us ;* nimis confortatus est principatus e-O-rum.

Dinumerabo eos, | et super arenam multi-pli-ca-BUN-tur :* exurrexi, et adhuc sum TE-cum.

Si occideris, Deus, pec-ca-TO-res, * viri sanguinum declina-te A me.

Quia dicitis in cogi-ta-ti-O-ne :* accipient in vanitate civita-tes TU-as.

Nonne qui oderunt te, domine, O-deram,* et super inimicos tuos ta-bes-CE-bam?

Perfecto odio o-deram IL-los, * et inimici facti sunt MI-hi.

Proba me, Deus, | et sci-to cor ME-um ;* interroga me | et cognosce semi-tas ME-as.

Et vide si via iniquita-tis in ME est ;* et deduc me in via æ-TER-na.

7e Ton : *médiante* 4 syllabes, *finale* 4 syllabes. **A**

DO-mi-NE, probasti me, | et co-GNO-vis-TI me :* tu cognovisti sessionem meam | et resurrecti-O-nem me-am.

Intellexisti cogitationes me-AS de LON-ge:* semitam meam | et funiculum meum in-VES-ti-gas-ti.

Et omnes vias meas PRÆ-vi-DIS-ti :* quia non est sermo in LIN-gua me-a.

Ecce, Domine, | tu cognovisti omnia novissima ET an-TI-qua :* tu formasti me | et posuisti super me MA-num tu-am.

Mirabilis facta est | scientia TU-a EX me :* confortata est, et non pote-RO ad e-am.

Quo ibo a SPI-ritu TU-o ?* et quo a facie TU-a FU-giam. (4e *finale* : tu-A fu-gi-AM.)

Si ascendero in cœlum, TU il-LIC es :* si descendero in in-FER-num, a-des.

Si sumpsero pennas me-AS di-LU-culo, et habitavero in ex-TRE-mis ma-ris.

Etenim illuc manus tua DE-du-CET me:* et tenebit me DEX-tera tu-a.

Et dixi : | Forsitan tenebræ con-CUL-ca-BUNT me :* et nox illuminatio mea | in de-LI-ciis me-is.

Quia tenebræ non obscurabuntur a te, | et nox sicut dies il-LU-mi-NA-bitur :* sicut tenebræ ejus, | ita est LU-men e-jus.

Quia tu possedisti RE-nes ME-os:* suscepisti me de utero MA-tris me-æ.

Confitebor tibi, | quia terribiliter magni-FI-ca-TUS es :* mirabilia opera tua, | et anima mea co-GNOS-cit ni-mis.

Non est occultatum os meum a te, | quod fecisti IN oc-CUL-to :* et substantia mea in inferi-O-ribus ter-ræ.

Imperfectum meum viderunt oculi tui, | et in libro tuo omNES scri-BEN-tur :* dies formabuntur, et ne-MO in e-is.

Mihi autem nimis honorati

sunt | amici TU-i, DE-us :* nimis confortatus est principaTUS E-O-RUM.

Dinumerabo eos, | et super arenam multi-* LI CA-BUN-TUR* exurrexi, et ad-HUC SUM TE-CUM.

Si occideris, Deus, PEC-CA-TO-RES :* viri sanguinum decli-NA-TE A ME.

Quia dicitis in cogi-TA-TI-O-NE :* accipient in vanitate civi-TA-TES TU-AS.

Nonne qui oderunt te, DOMINE, O-DERAM,* et super inimicos tuos TA-BES-CE-BAM.

Perfecto odio O-DERAM IL-LOS :* et inimici fac-TI SUNT MI-HI.

Proba me, Deus, | et sci-TO COR ME-UM :* interroga me, | et cognosce SE-MITAS ME-AS.

Et vide si via iniquita-TIS IN ME EST,* et deduc me in VI-A Æ-TER-NA.

**A** 8e Ton : *mediante* 2 syllabes, *finale* 4 syllabes.

DO-MI-ne probasti me | et cognovisti ME :* tu cognovisti sessionem meam | et resurrecti-O-NEM ME-AM.

Intellexisti cogitationes meas de LON-GE :* semitam meam | et funiculum meum in-VES-TI-GAS-TI.

Et omnes vias meas prævi-DIS-TI :* quia non est sermo in LIN-GUA ME-A.

Ecce, Domine, | tu cognovisti omnia novissima et an-TI-QUA :* tu formasti me | et posuisti super me MA-NUM TU-AM.

Mirabilis facta est | scientia tua EX ME :* confortata est, et non pote-RO AD E-AM.

Quo ibo a Spiritu TU-o? * et quo a facie TU-A FU-GIAM ?

Si ascendero in cœlum, tu illic ES ;* si descendero in in-FER-NUM, A-DES.

Si sumpsero pennas meas di-LU-CULO,* et habitavero in EX-TRE-MIS MA-RIS.

Etenim illuc manus tua deducet ME :* et tenebit me dex-TE-RA TU-A.

Et dixi : | Forsitan tenebræ conculcabunt ME :* et nox illuminatio mea | in deli-CI-IS ME-IS.

Quia tenebræ non obscurabuntur a te, | et nox sicut dies illumi-NA-BITUR :* sicut tenebræ ejus, | ita et LU-MEN E-JUS.

Quia tu possedisti renes ME-OS :* suscepisti me de utero MA-TRIS ME Æ.

Confitebor tibi | quia terribiliter magnificatus ES :* mirabilia opera tua, | et anima mea CO-GNOS-CIT NI-MIS.

Non est occultatum os meum a te, | quod fecisti in oc-CUL-TO :* et substantia mea in inferio-RI-BUS TER-RÆ.

Imperfectum meum viderunt oculi tui, | et in libro tuo omnes scri-BEN-TUR :* dies formabuntur, et ne-MO IN E-IS.

Mihi autem nimis honorificati sunt | amici tui, DE-US :* nimis confortatus est principa-TUS E-O-RUM.

Dinumerabo eos : | et super arenam multiplica-BUN-TUR ;*

exsurrexi, et ad-HUC SUM TE-CUM.

Si occideris, Deus, pecca-TO-RES;* viri sanguinum decli-NA-TE A ME.

Quia dicitis in cogitati-O-NE: * Accipient in vanitate civi-TA-TES TU-AS.

Nonne qui oderunt te, Domine, O-DERAM, * et super inimicos tuos TA-BES-CE-BAM?

Perfecto odio oderam IL-LOS: * et inimici fac-TI SUNT MI-HI.

Proba me, Deus, | et scito cor ME-UM :* interroga me, | et cognosce se-MI-TAS ME-AS.

Et vide si via iniquitatis in ME EST;* et deduc me in vi-A Æ-TER-NA.

## PSAUME 147. — *Lauda, Jerusalem.*

**A**

1er 5e et 8e Tons : *dom.* 2 syll., *fin.* 4 syll.
La finale du 5e Ton diffère au 5e verset.

LAU-DA, Jerusalem, DOMINUM; * lauda Deum TU-UM, SI-ON.

Quoniam confortavit seras portarum tu-A-RUM : * benedixit filiis TU-IS IN TE.

Qui posuit fines tuos PA-CEM, * et adipe frumenti SA-TI-AT TE.

Qui emittit eloquium suum TER-RÆ, * velociter currit SERMO E-JUS.

Qui dat nivem sicut LA-NAM : *nebulam sicut ci-NE-REM SPARGIT. (**5e ton** CI-NEREM SPARGIT.)

Mittit crystallum suam sicut buc-CEL-LAS ;* ante faciem frigoris ejus | quis SUS-TI-NE-BIT?

Emittet verbum suum, | et liquefaciet E-A : * flabit spiritus ejus, | et FLU-ENT A-QUÆ.

Qui annuntiat verbum suum JA-COB, * justitias et judicia SU-A IS-RAEL.

Non fecit taliter omni nati-O-NI, * et judicia sua non manifes-TA-VIT E-IS.

**B**

2e Ton : *médiante* 2 syllabes. 3e Ton avec 2e et 3e finales : *médiante* 4 syllabes, *finales* 3 syllabes.

LAU-DA Je-RU-SALEM, DOMINUM, * lauda Deum tu-UM, SI-ON.

Quoniam confortavit seras porta-RUM TU-A-RUM : * benedixit filiis tu-IS IN TE.

Qui posuit fines TU-OS PA-CEM,* et adipe frumenti sa-TI-AT TE.

Qui emittit eloquium SU-UM TER-RÆ,* velociter currit sermo E-JUS.

Qui dat nivem SI-CUT LA-NAM, * nebulam sicut cine-REM SPAR-GIT.

Mittit crystallum suam si-CUT BUC-CEL-LAS; * ante faciem frigoris ejus, | quis SUS-TI-NE-BIT?

Emittet verbum suum, | et lique-FA-CIET E-A ; * flabit spiritus ejus, | et flu-ENT A-QUÆ.

Qui annuntiat verbum SU-UM JA-COB, * justitias et judicia

SU-A IS-RAEL.
Non fecit taliter omni NA-TI-O-NI, * et judicia sua non manifesta-VIT E-IS.

## A 3e Ton : *médiante* 4 syllabes, 1re *finale* 4 syllabes.

LAU-DA, Je-RU-SALEM, DOMINUM ; * lauda Deum TU-UM, SI-ON.
Quoniam confortavit seras porta-RUM TU-A-RUM : * benedixit filiis TU-IS IN TE.
Qui posuit fines TU-os PACEM, * et adipe frumen-TI SATIAT TE.
Qui emittit eloquium SU-UM TER-RÆ, * velociter currit SERMO E-JUS.
Qui dat nivem SI-CUT LANAM, * nebulam sicut CI-NEREM SPAR-GIT.
Mittit crystallum suam SI-CUT BUC-CEL-LAS, * ante faciem frigoris ejus | quis SUS-TI-NEBIT ?
Emittet verbum suum, | et lique-FA-CIET E-A : * flabit spiritus ejus | et FLU-ENT A-QUÆ.
Qui annuntiat verbum SU-UM JA-COB, justitias et judicia SU-A IS-RAEL.
Non fecit taliter omni NA-TI-O-NI, * et judicia sua non manifes-TA-VIT E-IS.

## B 4e Ton : *médiante* 4 syllabes, *finale* 5 syllabes.

LAU-DA, Jeru-SA-LEM, DOMINUM ; * lauda De-UM TU-UM, SI-ON.
Quoniam confortavit seras porta-RUM TU-A-RUM : * benedixit fili-IS TU-IS IN TE.
Qui posuit fines TU-OS PACEM, * et adipe fru-MEN-TI SATIAT TE.
Qui emittit eloquium SU-UM TER-RÆ,* velociter cur-RIT SERMO E-JUS.
Qui dat nivem SI-CUT LANAM, * nebulam sicut CI-NE-REM SPAR-GIT.
Mittit crystallum suam SI-CUT BUC-CEL-LAS :* ante faciem frigoris ejus | QUIS SUS-TI-NE-BIT?
Emittet verbum suum, | et liquefa-CI-ET E-A :* flabit spiritus ejus, ET FLU-ENT A-QUÆ.
Qui annuntiat verbum SU-UM JA-COB,* justitias et judici-A SU-A IS-RAEL.
Non fecit taliter omni NA-TI O-NI,* et judicia sua non mani-FES-TA-VIT E-IS.

## C 7e Ton : *méd.* 4 syll., *fin.* 4 syll.

LAU-DA, Je-RU-SALEM, DOMINUM* lauda Deum TU-UM, SI-ON.
Quoniam confortavit seras porta-RUM TU-A RUM :* benedixit filiis TU-IS IN TE.
Qui posuit fines TU-os PACEM :* et adipe frumenti SA-TI-AT TE.
Qui emittit eloquium SU-UM TER-RÆ : velociter currit SERMO E-JUS.
Qui dat nivem SI-CUT LA-NAM, *nebulam sicut CI-NEREM SPAR-GIT.

Mittit crystallum suam sicut BUC-CEL-LAS :* ante faciem frigoris ejus | quis SUS-TI-NEBIT ?

Emittet verbum suum, et liquefaciet E-A . * flabit spiritus ejus, | et FLU-ENT A-QUÆ.

Qui annuntiat verbum SU-UM JA-COB, * justitias et judicia SU-A IS-RAEL.

Non fecit taliter omni NA-TI-O NI, * et judicia sua non manifes-TA-VIT E-IS.

## *Magnificat.*

1er, 5e, 6e et 8e Tons : *intonation* 2 syllabes, *médiante* 2 syllabes, *finale* 4 syllabes. **A**

La finale du 5e ton diffère aux 5e et 9e versets.

MAGNIFICAT * anima ME-A DO-MINUM.

ET EX-ultavit | spiritus ME-US * in Deo salu-TA-RI ME-O.

QUI-A respexit humilitatem | ancillæ SU-Æ ;* ecce enim ex hoc beatam me dicent | omnes gene-RA-TI-O-NES.

QUI-A fecit mihi magna | qui potens EST,* et sanctum NO-MEN E-JUS.

ET MI-sericordia ejus | a progenie in pro-GE-NIES * timen-TI-BUS E-UM. (**5e ton** ti-MEN-TIBUS E-UM.)

FE-CIT potentiam | in brachio SU-O ;* dispersit superbos | mente COR-DIS SU-I.

DE-PO-suit | potentes de SE-DE,* et exal-TA-VIT HU-MILES.

E-SU-rientes | implevit BO-NIS, * et divites dimi-SIT I-NA-NES.

SUS-CE-pit Israel | puerum SU-UM, * recordatus misericordi-Æ SU-Æ. (**5e ton** miseri-COR-DIÆ SU-Æ.

SI-CUT locutus est | ad patres NOS-TROS * Abraham | et semini e-JUS IN SE-CULA. GLO-RI-A.

2e Ton : *médiante* 2 syllabes. 3e Ton : *médiante* 4 syllabes ; *finales* 3 syllabes. **B**

MAGNIFICAT * anima me-A DO-MINUM.

ET EX-ultavit | SPI-RITUS ME-US in Deo saluta-RI ME-O.

QUI-A respexit humilitatem | an-CIL-LÆ SU-E ;* ecce enim ex hoc beatam me dicent | omnes genera-TI-O-NES.

QUI-A fecit mihi magna | qui potens EST (**3e ton** QUI PO-TENS EST) : * et sanctum no-MEN E-JUS.

ET MI-sericordia ejus | a progenie IN PRO-GE-NIES * timenti-BUS E-UM.

FE-CIT potentiam | in BRA-CHIO SU-O : * dispersit superbos | mente cor-DIS SU-I.

DE-PO-suit | poten-TES DE SE-DE,* et exalta-VIT HU-MILES.

E-SU-rientes | im-PLE-VIT BO-NIS, * et divites dimisit I-NA-NES.

SUS-CE-pit Israel | PU-ERUM

SU-UM, * recordatus misericordi-Æ SU-Æ.

SI-CUT locutus est | ad PATRES NOS-TROS * Abraham | et semini ejus IN SE-CULA.

**2e ton** GLO-RI-a Patri et FI-LIO.
**3e ton** GLO-RIA pa-TRI ET FI-LIO...

**A** 4e Ton : *médiante* 4 syllabes, *finale* 5 syllabes.

MAGNIFICAT* ani-MA ME-A DOMINUM.

ET E-xultavit | spi-RI-TUS ME-US* in Deo sa-LU-TA-RI ME-O.

QUI-A respexit humilitatem | an-CIL-LÆ SU-Æ : * ecce enim ex hoc beatam me dicent | omnes ge-NE-RA-TI-O-NES.

QUI-A fecit mihi magna | qui PO-TENS EST : * et sanc-TUM NOMEN E-JUS.

ET MI-sericordia ejus | a progenie IN PRO-GE-NIES * ti-MENTI-BUS E-UM.

FE-CIT potentiam | in brachi-O SU-O : * dispersit superbos | men-TE COR-DIS SU-I.

DE-PO-suit poten-TES DE SEDE, * et ex-AL-TA-VIT HU-MILES.

E-SU-rientes | im-PLE-VIT BONIS, * et divites di-MI-SIT I-NANES.

SUS-CE-pit Israel | pu-E-RUM SU-UM,* recordatus miseri-CORDI-Æ SU-Æ.

SI-CUT locutus est | ad PATRES NOS-TROS * Abraham | et semini E-JUS IN SE-CULA.

GLO-RIA Pa-TRI ET FI-LIO...

**B** 7e Ton : *médiante* 4 syllabes, *finale* 4 syllabes.

MAGNIFICAT* anima ME-A DOMINUM.

ET E-xultavit | SPI-RITUS ME-US* in Deo salu-TA-RI ME-O

QUI-A respexit humilitatem | an-CIL-LÆ SU-Æ:* ecce enim ex hoc beatam me dicent | omnes gene-RA-TI-O-NES.

QUI-A fecit mihi magna | QUI PO-TENS EST :* et sanctum NO-MEN E-JUS.

ET MI-sericordia ejus | a progenie IN PRO-GE-NIES* ti-MEN-TIBUS E-UM.

FE-CIT potentiam | in BRACHIO SU-O:* dispersit superbos | mente COR-DIS SU-I.

DE-PO-suit | poten-TES DE SE-DE*et exal-TA-VIT HU-MILES.

E-SU-rientes | im-PLE-VIT BO-NIS,* et divites dimi-SIT I-NA-NES.

SUS-CE-pit Israel | PU-ERUM SU-UM ;* recordatus miseri-COR-DIÆ SU-Æ.

SI-CUT locutus est | ad PATRES NOS-TROS* Abraham | et semini e-JUS IN SE-CULA.

GLO-RIA Pa-TRI ET FI-LIO * etc.

*MAGNIFICAT des* 1er *et* 6e, 3e, 2e *et* 8e *tons*
aux fêtes solennelles.

La première partie de chaque verset a une intonation et une médiante dont la mélodie est plus riche que dans les psaumes.

Pour en faciliter l'exécution, on observera : 1° que chaque syllabe représente la valeur d'une note longue, si elle est en italique, et brève, si elle est en caractère ordinaire; 2° que lorsqu'il y a 2, 3 ou 4 notes sur une seule syllabe, les 2e, 3e ou 4e notes sont représentées immédiatement après la syllabe par des points. si elles sont brèves, ou par des virgules si elles sont longues.

Ce système sera également suivi pour le chant des hymnes.

## 1er et 6e Tons. A

Magnificat * anima mea Dominum.

*Et* ex,ultav*it*. | spi.,ritus *me*.us,* in Deo salu-TA-RI ME-O.

*Qui*a, resp*e*xit humilit*a*tem | *an*.cil.,læ *su*,æ, * ecce enim ex hoc be*a*tam me dicent | omnes gene-RA-TI-O-NES.

*Qui*a, fecit mihi ma*gna*. | qui., po*tens*. est,* et sanctum NO-MEN E-JUS.

*Et* mi,sericordia ejus | a progeni*e*. | in., progenies, * timen-TI-BUS E-UM.

*F*ecit, potentiam | *in*. brachio *su*.o, * dispersit superbos | mente COR-DIS SU-I.

*D*epo,suit | po*ten*.tes., de *se*.de,* et exal-TA-VIT HU-MILES.

*E*su,rientes | *im*.ple.,vit *bo*.nis, * et d*i*vites dim*i*-SIT I-NA-NES.

*Sus*ce,pit Isra*el*. | pu.,erum *su*.um, * record*a*tus misericor-DI-Æ SU-Æ.

*Si*cut, loc*u*tus est | *ad*. pa., tres *nos*.tros, * Abraham | et semini e-JUS IN SE-CULA.

*Glo*.,ria | *Pa*.tri., et *Fi*lio,* et Spir*i*-TU-I SANC-TO.

*Si*cut, erat in princ*i*pio | *et*. nunc., et *sem*.per, * et in secula secu-LO-RUM. A-MEN.

## 2e et 8e tons : *finale du* 2e *ton* 3 syllabes, *finale du* 8e *ton* 4 syllabes. B

Magnificat * anima me-A DO-MINUM.

*Et* exul,ta*vit*. | spi,ritus me,us * in Deo salu- ta- RI ME-O.

*Qui*a res.pexit humilit*a*tem | *an*.cil,læ su,æ * ecce enim ex hoc be*a*tam me dicent | omnes gene-ra-TI-O-nes.

*Qui*a fe,cit mihi ma*gna*. | qui, potens, est* et sanctum no-MEN E-JUS.

*Et* mise.ricordia ejus | a progeni*e*. in, proge,nies * timen-ti-BUS E-UM.

*F*ecit potentiam | *in*. bra,chio su,o * disp*e*rsit sup*e*rbos | mente cor-DIS SU-I.

*De*.po,suit | po*ten*.tes, de se,de * et exal-ta-VIT HU-MILES.

*E*suri.*en*tes | *im*.ple,vit bo,nis * et d*i*vites dim*i*-sit I-NA-NES.

*Sus*cepit. Isra*el*. | pu,erum su,um * record*a*tus misericor-di-Æ SU-æ.

*Si*cut lo.*cu*tus est | *ad*. pa,tres nos,tros * Abraham | et semini e-jus IN SE-CULA.

*Glo*ria, | *Pa*.tri, et Fi,lio* etc.

*Si*cut e,rat in princ*i*pio | *et*. nunc, et sem,per * et in secula, etc.

A 3e ton. — *Le saint Jour de Pâques.*

Magnificat* anima me-A DO-MINUM.

*Et* exultavit | *spiritus me*.-us,* in Deo saluta-RI ME-o.

*Quia*. respexit humilitatem | ancillæ *su*.æ, * ecce enim ex hoc beatam me dicent | omnes genera-TI-O-NES.

*Quia*. fecit mihi magna | *qui potens*. est, * et sanctum NO-MEN E-JUS.

*Et* mi.sericordia ejus | a progenie *in* progenies, * timenti-BUS E-UM.

*Fecit*. potentiam | in *brachio su*.o, * dispersit superbos mente cor-DIS SU-I.

*Depo*,suit | poten*tes de se*.-de, * et exalta-VIT HU-MILES.

*Esu*.rientes | im*ple*vit *bo*.-nis, * et divites dimisit I-NA-NES.

*Susce*,pit Israel | *puerum su*.um, * recordatus misericordi-Æ SU-Æ.

*Sicut*. locutus est | ad *patres nos*.tros, * Abraham | et semini ejus IN SE-CULA.

*Gloria*, | Pa-*tri* et *Filio*, * etc.

*Sicut*. erat in principio | et *nunc* et *sem*.per,* etc

# Hymnes.

## Observations sur le Chant des Hymnes.

Les Hymnes sont des compositions poétiques analogues à nos cantiques en langue vulgaire. Elles se divisent en strophes; chaque strophe renferme ordinairement 4, 5 ou 6 vers; les vers sont formés d'un certain nombre de syllabes longues ou brèves, disposées et agencées selon des règles déterminées, formant une cadence ou une mesure qui se répète d'une manière uniforme.

Les mélodies des hymnes sont rythmées, mais ne sont pas ordinairement mesurées. Souvent même leurs notes correspondent à des syllabes d'une valeur opposée. Dans ce cas il faut se souvenir de l'adage cité par Saint Augustin et par l'auteur des *Instituta Patrum :* la Musique, non plus que l'Écriture sainte, n'est soumise aux règles du grammairien Donat. C'est la Musique qui impose la valeur de ses notes aux syllabes du texte.

Lorsqu'une même mélodie est employée pour plusieurs hymnes, il faut la chanter toujours de la même manière ; c'est à dire qu'il ne faut introduire aucun changement ni dans le nombre, ni dans la tonalité, ni dans la valeur, ni dans l'assemblage des notes. Si l'on modifie le chant à chaque hymne, l'exécution devient difficile et même impossible à la multitude des fidèles. L'édition de Dijon a le défaut très-grave de ne noter presque jamais deux fois de la même manière une même mélodie. Il a donc fallu choisir dans le Graduel et le Vespéral les *airs* les plus conformes à ceux des anciennes éditions de Lyon et de Paris, naguère exclusivement en usage à Langres. Dans cette méthode, on trouvera indiquée, en tête de chaque hymne, la page où l'*air* est noté dans l'édition de 1861.

Pour quelles raisons, il y a quelques années, a-t-on ajouté dans l'édition qui nous occupe, une note à presque toutes les dernières syllabes des vers? Ne les cherchons pas; elles ne sont point bonnes; ce qui le prouve, c'est que dans les hymnes des fêtes nouvelles, on n'a plus ajouté cette note. Voyez les hymnes du Précieux Sang, de la Sainte Couronne d'Épines, et presque toutes celles du supplément.

Mais ce que l'on ne saurait trop déplorer, c'est que les admirables mélodies du *Veni, Creator*, du *Verbum supernum*, du *Placare Christe servulis* ainsi que la phrase *nova sint omnia* du *Sacris solemniis*, ont été rendues informes et méconnaissables. Heureusement que la tradition populaire n'a généralement point fléchi et s'est conservée intacte.

Pour bien chanter les hymnes dans cette méthode, on observera: 1° que toutes les syllabes en caractères italiques sont longues; 2° que lorsqu'il y a 2, 3 ou 4 notes sur une même syllabe, immédiatement après cette syllabe, les 2e, 3e ou 4e notes sont représentées par des points si elles sont brèves, et par des virgules si elles sont longues; 3° qu'après chaque vers on fait une pause. Si le vers ne se termine pas avec la ligne, un astérisque en indique la fin. — 4° Lorsqu'on doit respirer avant la fin du vers, l'endroit est indiqué par un trait vertical |.

No 1. — Du 1. — Vespéral, page 16.

*Qui* mane junctum *vesperi*
*Diem*, voca,ri præ,ci*pis*
Illa,bitur, tetrum, cha*os*
Audi preces... cum fle,*tibus*

*Ne* mens gravata *crimine*
*Vitæ*, sit e,xul mu,ne*re*
Dum nil, peren,ne *co*,gi*tat*
Seseque cul,,pis il,li*gat*

*Cœleste* pulset *hostium*
*Vita*.le tol.lat præ,mi*um*
Vite,mus om.ne *no*.xi*um*
Purgemus om...ne *pes*,sim*um*

*Præsta* Pater pi*issime*
*Patri*.que com.par u,ni*ce*
Cum Spi,ritu. par*a*.cli*to*
Regnans per om.,.ne *se*,cu*lum*

℣. Dirigatur, Domine, oratio mea. ℟. Sicut incensum in conspectu tuo.

No 2. — Du 4. — Vespéral, page 61.

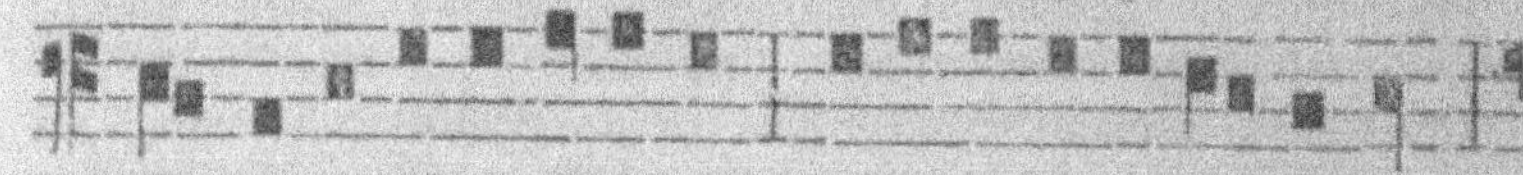


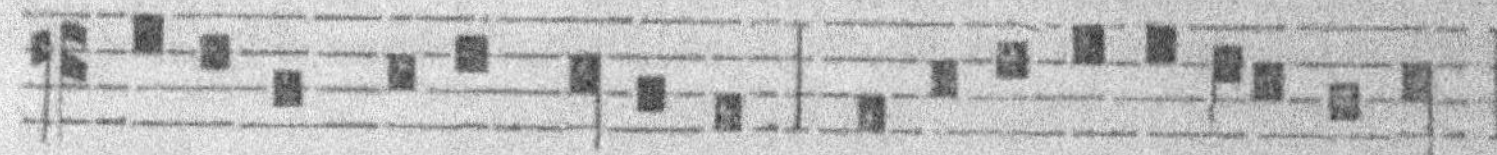


*Qui*. Demonis ne *frau*dibus
Periret orbis *im*.pe*tu*
Amoris actus *lan*guidi
Mundi medela *fac*.tus *est*
*Com*.mune qui mun*di* nefas
Ut expiares *ad*. cru*cem*
E Virginis sa*crario*
Intacta prodis *vic*.ti*ma*
*Cu*.jus potestas *glo*riæ
Nomenque cum pri*mum*.*sonat*

Et cœlites et *in*feri
Tremente curvan*tur*. *genu*
*Te*. deprecamur *ul*timæ
Magnum diei *ju*.di*cem*
Armis supernæ *gra*tiæ
Defende nos ab *hos*.ti*bus*
*Vir*.tus honor laus *glo*ria
Deo Patri cum *Fi*.lio
Sancto simul Par*a*clito
In seculorum *se*.cu*la*

℣. Rorate cœli, desuper, et nubes pluant justum. ℟. Aperiatur terra, et germinet Salvatorem.

No 3. — Du 1. — Vespéral, page 79.

Je- su redemp-tor omnium, Quem lucis ant' o- ri- gi-
nem, Pa-rem pa-ter-næ glo-ri-æ, Pa- ter su-pre- mus
e-di-dit.

Tu lu.men *et*. *splen*..*dor* Patris.
Tu. spes pe*ren*nis om..,ni*um*

Inten.de *quas* fun*dunt* pre*ces*
Tui. per *or*.*bem*.. *ser*vuli.

Memen.to re.rum..conditor
Nos.tri quod olim cor..,poris
Sacra.t' ab al.vo Virginis
Nascen.dofor.mam..sumpseris
Testa.tur hoc. præ..sens dies
Cur.rens per anni cir..,culum
Quod so.lus e sinu Patris
Mundi.salus ad..venerit
Hunc as.tra tel.lus. .æquora
Hunc.omne quod cœlo..,subest
Salu.tis Auc.torem novæ
Novo. salu.tat.. cantico
Et nos. bea.ta.. quos sacri
Ri.gavit unda san..,guinis
Nata.lis ob.diem tui
Hymni. tribu.tum.. solvimus
Jesu. tibi.sit.. gloria
Qui. natus est de Vir..;gine
Cum Pa.tr' et al.mo Spiritu
In sem.piter.na..secula

℣. Crastina die delebitur iniquitas terræ ; ℟. et regnabit super nos Salvator mundi. ℣. Notum fecit Dominus, alleluia, ℟. Salutare suum, alleluia. ℣. Verbum caro factum est, alleluia, ℟. Et habitavit in nobis, alleluia.

**Sur le même Air.**

*St Étienne.*

Deus. tuo.rum.. militum
Sors. et corona præ..,mium
Laudes. canen.tes martyris
Absol.ve ne.xu.. criminis
Hic nem.pe mun.di.. gaudia
Et. blanda fraudum pa..,bula
Imbu.ta fel.le deputans
Perve.nit ad. cœ..lestia
Pœnas. eu.cur.rit.. fortiter
Et. sustulit viri..,liter
Fundens.quepro.te sanguinem
Æter.na do.na.. possidet
Ob hoc. preca.tu.. supplici
Te. poscimus piis..,sime
In hoc. trium.pho Martyris
Dimit.te no.xam.. servulis

Jesu tibi. . . *ci-dessus.*

℣. Stephanus vidit cœlos apertos ; ℟. Vidit et introivit : beatus homo cui cœli patebant.

*St-Jean, apôtre et évangéliste*

Exul.tet or.bis.. gaudiis.
Cœ.lum resultet lau..,dibus
Apos.tolo.rum gloriam
Tellus. et as.tra..concinunt
Vos se.culo.rum..judices
Et. vera mundi lu..,mina
Votis. preca.mur cordium
Audi.te vo.ces.. supplicum
Qui tem.pla cœ.li.. clauditis
Se.rasque verbo sol..,vitis
Nos a. rea.tu noxios
Solvi. jube.te.. quæsumus
Præcep.ta quo.rum.. protinus
Lan.guor salusque sen..,tiunt
Sana.te men.tes languidas
Auge.te nos. vir..tutibus
Ut cum. redi.bit.. Arbiter
In. fine Christus se..,culi
Nos sem.piter.ni gaudii
Conce.dat es.se.. compotes

Jesu tibi . . *ci-dessus.*

℣. Valde honorandus est beatus Joannes, ℟. Qui supra pectus Domini in cœna recubuit.

*Les Saints Innocents.*

Salve.te flo.res.. martyrum
Quos. lucis ips' in li..,mine
Christ' in.secu.tor sustulit
Ceu tur.bo nas.cen..tes rosas
Vos pri.ma Chris.ti..victima
Grex. immolatorum.., tener
Aram. sub i.psam simplices
Palm' et. coro.nis.. luditis

Jesu tibi, etc.

℣. Sub throno Dei omnes sancti clamant : ℟. Vindica sanguinem nostrum, Deus noster.

No 4. — Du 3. — Graduel, page 59.

Ibant Magi, quam vi,*derant.*
Stellam, se*quen.tes.* præ,viam
Lumen,re*qui.runt. lu.*mine...,
Deum faten,tur *munere.*

Lavacra pu,ri gur,gi*tis.*
Cœles,tis *A.gnus* at,tigit
Pecca,ta *quæ. non. de.*tulit...,
Nos abluen,do *sustulit.*

Novum genus, poten,ti*æ.*
Aquæ, ru*bes.cunt.* hy,driæ
Vinum,que *jus.sa. fun.*dere...,
Mutavit un,d' *originem.*

Jesu tibi, sit glo,ri*a.*
Qu' appa, ru*is.ti.*gen,tibus
Cum Pa,tr'et *al.mo.Spi.*ritu...,
In sempiter,na *secula.*

℣. Reges Tharsis et insulæ munera offerent : ℟. Reges Arabum et Saba dona adducent.

No 5. — Du 2. — Vespéral, page 106.

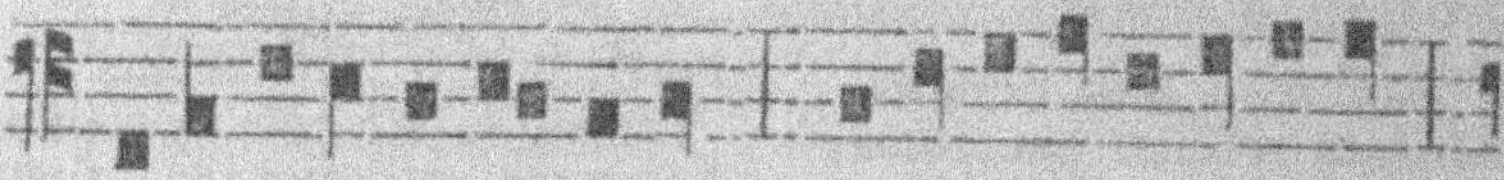


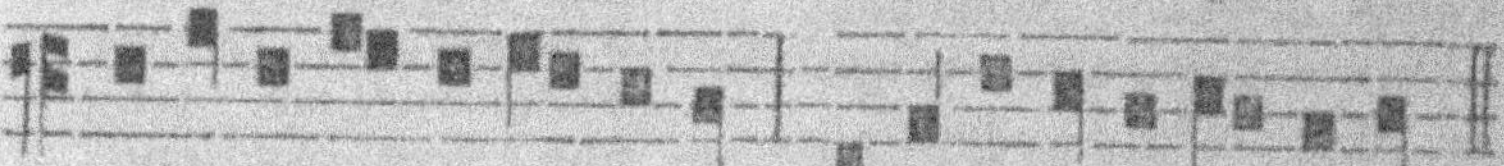


Nil *canitur* sua,*vius*
Nil *auditur* ju*cundius*
Nil *cogita.*tur *dul.*cius
Quam *Jesus Dei Fi.*lius

Jesu spes *pœniten.*tibus
Quam *pius es* pe*tentibus*
Quam *bonus* es. quæ*ren.ti*bus
Sed *quid* invenie*n.*tibus

Nec *lingua valet* di.*cere*
Nec *littera exprimere*
Ex*per*tus po.test *cre.*dere
Quid *sit Jesum* di*li.gere*

Sis *Jesu nostrum* gau.*dium*
Qui *es* fut*urus præmium*
Sit *nostra* in. te *glo.*ria
Per *cuncta semper se.*cul*a*

℣. Sit nomen Domini benedictum, ℟. Ex hoc nunc et usque in seculum.

Nº 6. — Du 2. — Vespéral, page 117.

Au-di, be-ni-gne Con-di-tor, Nostras preces cum fle-tibus.

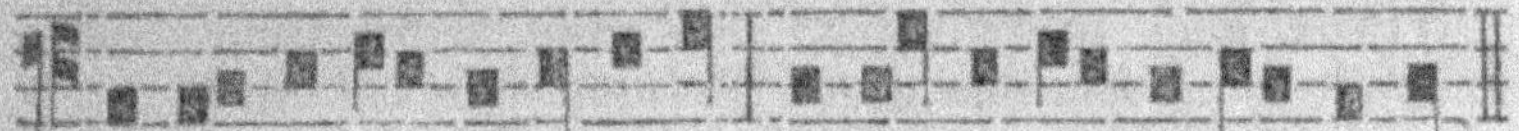

In hoc sa-cro je-ju-ni-o Fu-sas quadra-ge-na- ri- o.

*Scruta*.tor *al*.me *cor*.dium
*Infir*,ma *tu*. scis vi,*rium*
Ad te. *rever*.sis *exibe*
Remis,sio.nis *gra*.tiam
*Multum* . qui*dem* . pecca .
vi*mus*
*Sed* par,ce *con*.fiten,ti*bus*
Ad no.mi*nis*. lau*dem* tu*i*
Confer, me*de*.lam *lan*.gui*dis*

*Conce*.de *nos*.trum *con*.teri
*Corpus*, per *abs*.tinen,ti*am*
Culp'ut. *relin*.quant *pabulum*
Jeju,na *cor*.da *cri*.mi*num*
*Præs*ta. be*a*.ta *Tri*.ni*tas*
*Conce*,de *sim*.plex u,ni*tas*.
Ut fruc.tuo.sa *sint* tu*is*
Jeju,ni*o*.rum *mu*.ne*ra*

℣. Angelis suis mandavit de te ; ℟. Ut custodiant te in omnibus viis tuis.

Nº 7. — Du 1. — Vespéral, page 633.

morte vi-tam pro- tu-lit.

Quæ vul,ne*ra*..ta lan.,ce*æ*.
Mucrone *di*.ro *cri*.minum,
Ut nos la*va*.ret sor.,di*bus*.
Ma*na*vit *un*.d' et *san*.guine,
Imple,ta *sunt* .. quæ con .,
ci*nit*.
Da*vid* fi*de*.li *car*.mine,
Dicendo *na*.tio. ,ni*bus*.
Re*gna*vit *a*. li*gno*. Deus,
Arbor, dec*o*.,r'et ful.,gi*da*.
Or*nata Re*.gis *pur*.pura,

Electa *di*.gno sti.,pi*te*.
Tam *sanc*ta *mem*.bra *tan*.gere,
Bea,ta *cu*..jus bra.,chi*is*.
Pre*tium* pe*pen*.dit *se*.culi,
Statera *fac*.ta cor.,po*ris*.
Tul*it*que *præ*.dam *Ta*.tari,
O Crux, av*e*.. spes u.,ni*ca*.
Hoc *passio*.nis *tem*.pore,
Pisia *dau*.ge gra.,ti*am*.
Re*is*que *de*.le *cri*.mina,
Te fons, sa*lu*..tis Tri.,ni*tas*.

Col*lau*det *om*.nis *spi*.ritus,
Quibus cru*cis*. victo.,ri*am*.

Lar*gi*ris *ad*.de *præ*.mium,

℣. Eripe me, Domine, ab homine malo ; ℟. A viro iniquo eripe me.

*Fêtes de Sainte Croix.*

3 Mai. — Vexilla Regis, *excepté :*

O Crux, a*ve*., spes u.,ni*ca*.
Pas*cha*le. *quæ*. fers *gau*.dium,

Piis ad*au*.ge gra.,ti*am*.
Re*is*que *de*.le *cri*.mina,

14 *Septembre.*

O Crux, a*ve*., spes u.,nica
In *hac* tri*um*.phi *glo*.ria,

Piis ad*au*.ge gra.,ti*am*.
Re*is*que *de*.le *cri*.mina,

℣. Hoc signum erit in cœlo, *T. P.* alleluia, ℟. Cum Dominus ad judicandum venerit.

N° 8. — Du 8. — Vespéral, page 246.

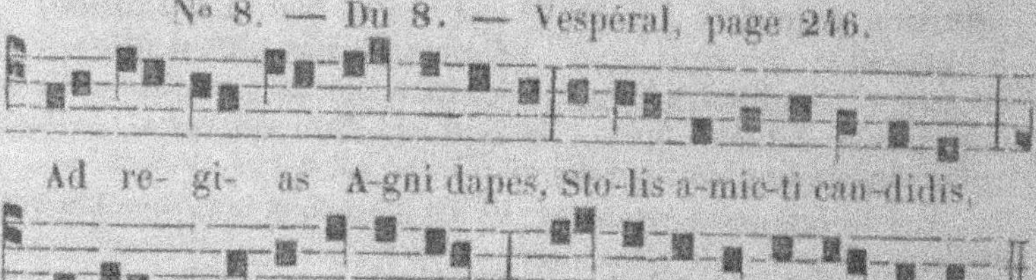


Post tran situm Maris Rubri, Christo ca-namus princi-pi

Di.*vi*.*na*. *cu*.jus, caritas
Sa*crum*. propinat *san*guinem
Al*mi*.que *mem*bra *Cor*poris,
A,mor sa*cer*dos im,molat

Spar.*sum*. *cru*.*o*.rem, pos-tibus
Vas*ta*.tor horret *An*gelus
Fu*git*.que *divisum* mare,
Mer,guntur *hos*tes fluc,tibus

Jam. *Pas*.*cha*. *nos*. trum, Christus est
Pas*cha*.lis idem *vic*tima
Et *pu*.ra *pu*ris *men*tibus,
Sin,ceri*ta*tis a,zyma

O. *ve*.*ra*. *cœ*.li, *vic*tima
Sub*jec*.ta cui sunt *tar*tara
So*lu*.ta *mor*tis *vin*cula,
Re,cepta *vitæ* præ,mia

Vic.*tor*. *su*.*bac*.tis, inferi
Tro*phæ*.a Christus *ex*plicat
*Cœlo*.qu'a*per*to *sub*ditum,
Re,gem te*ne*brarum, trahit

Ut. *sis*. *pe*.*ren*.ne, mentibus
Pas*cha*.le Jesu *gau*.dium
A *mor*.te *di*ra *cri*minum,
Vi,tæ re*na*tos li,bera

De.*o*. *Pa*.*tri*. sit, gloria
Et *Fi*.lio qu'a *mor*tuis
Sur*re*.xit ac Pa*ra*clito,
In, sempi*ter*na se,cula

℣. Mane nobiscum, Domine, alleluia, ℟. Quoniam advesperascit, all.

N° 9. — Du 3. — Vespéral, page 262.

Sa-lu- tis hu- ma-næ Sa-tor, Je- su, vo-lup-tas cordium,

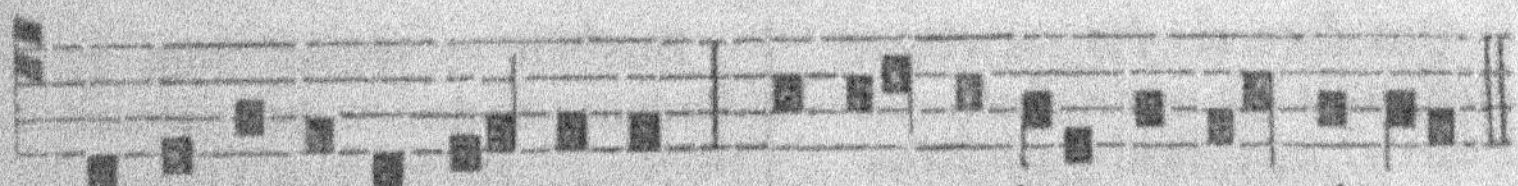

Or-bis redempti Con-ditor Et cas- ta lux a- man-ti-um.

*Quæ* vic.,tus *es*, clemen,ti*a*.
Ut nos,tra *fer*.res *crimina*.
Mortem subires in,nocens
A mor,te *nos*. ut tol,le*res*.
*Per*rum.,pis *in*.fernum,
chao*s*.
Vinctis, cat*e*.nas *de*tra*his*.
Victor triumpho no,bili
Ad dex,te*ram*. Patris, se*des*.

*Te* co.,gat *in*.dulgen,ti*a*.
Ut dam,na *nos*,tra *sarcias*.
Tuique vultus com,potes
Dites, be*a*.to lu,mi*ne*.
*Tu* dux., ad *as*.tr'et se,mi*ta*.
Sis me,ta *nos*.tris *cordibus*.
Sis lacrymarum *gau*,dium
Sis dul,ce *vi*.tæ præ,mi*um*.

℣. Dominus in cœlo, alleluia, ℟. Paravit sedem suam, alleluia.

℣. Ascendit Deus in jubilatione, alleluia, ℟. Et Dominus in voce tubæ, alleluia.

**Même Air :** *Transfiguration.*

*Qui*cum.,que *Chris*.tum
quæ,ri*tis*.
Ocu*los* in *al*.tum, *tol*li*te*.
Illic licebit vi,sere
Signum, pe*ren*.nis glo,riæ.
*Il*lus.,tre *quid*.dam cer,-
ni*mus*.
Quod nes,ci*at*, fi*nem* pa*ti*.
Sublime cels' inter,minum
Anti,qui*us*, cœl'et, chao.
*Hic* il.,le *Rex*. est gen,ti*um*.
Popu*li*que *Rex*. Judai*ci*.

Promissus Abrahæ, pati
Ejus,qu' in *æ*.vum se,mi*ni*.
*Hunc* et., Pro*phe*.tis tes,-
ti*bus*.
Iis*dem*que *si*,gna*to*ri*bus*.
Testator et pater, jubet
Audi,re *nos*. et cre,de*re*.
*Je*su., ti*bi*. sit glo,ri*a*.
Qui te, re*ve*.las *par*vu*lis*.
Cum Patr'et almo Spi,ritu
In sem,pi*ter*.na se,cu*la*.

℣. Gloriosus apparuisti in conspectu Domini ; ℟. Propterea decorem induit te Dominus.

No 10. — Du 8.

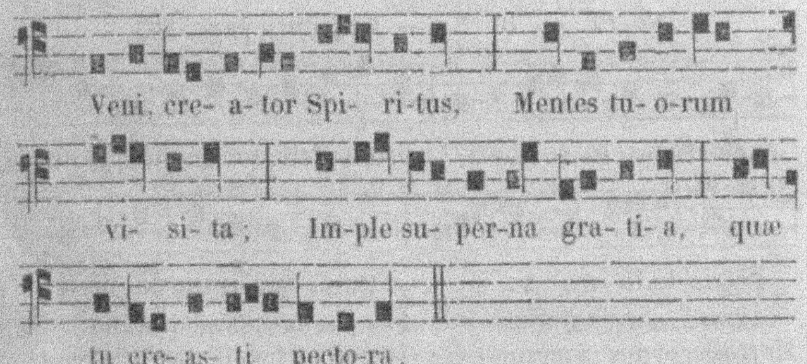

Qui dice.ris Pa.ra.,clitus
Altissimi do.num.,Dei
Fons vi,vus. ignis, ca.ritas
Et, spiri.talis.. unctio
Tu septi.formis. mu.,nere
Digitus pater.næ., dextræ
Tu ri,te. promis,sum. Patris
Ser,mone. ditans.. guttura
Accende. lumen. sen.,sibus
Infund' amorem. cor.,dibus
Infir,ma. nostri, cor.poris
Vir,tute. firmans.. perpeti

Hostem re.pellas. lon.,gius
Pacemque dones. pro.,tinus
Ducto,re. sic te, præ.vio
Vi,temus. omne.. noxium
Per te sci.amus. da., Patrem
Noscamus atque. Fi.,lium
Tequ' u,tri.usque, Spi.ritum
Cre,damus. omni.. tempore
Deo Pa.tri sit. glo.,ria
Et Filio qu' a. mor.,tuis
Surre,xit. ac Pa,ra.clito
In, secu.lorum.. secula

℣. Loquebantur variis linguis Apostoli, all., ℟. Magnalia Dei, all.

N° 11. — Du 8. — Vespéral, page 45.

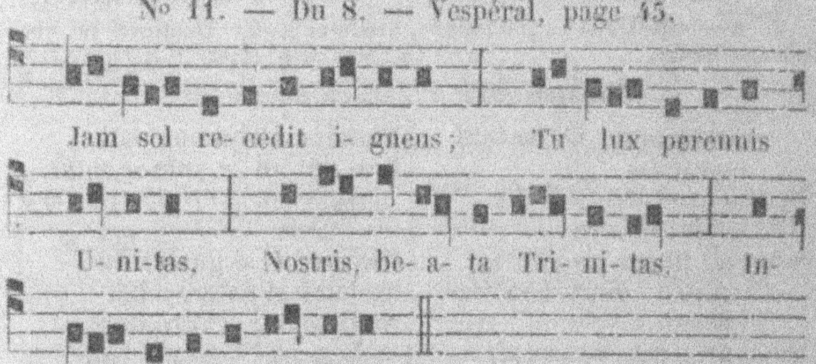


Te.ma..ne laudum car,mine
Te. de..precamur ves,pere
Digne.ris ut, te sup.,plices,
Laude..mus inter cœ,lites

Pa.tri.. simulque Fi,lio
Ti.bi..que sancte Spi,ritus
Sicut. fuit, sit ju.,giter,
Seclum.. per omne glo,ria

℣. Benedictus es, Domine, in firmamento cœli ; ℟. Et laudabilis et gloriosus in secula.

N° 12. — Du 6. — Vespéral, page 367.

Auctor be-a- te se- cu-li, Christe redemptor omnium, Lumen
Patris de lu- mi- ne, De-us-que verus de De-o.

Amor. coegit te. tuus
Mortale corpus sumere

Ut novus Adam red.deres...
Quod ve.tus ill' abstu.lerat

Ill' a.mor almus ar.tifex
Terræ marisqu'et siderum
Errata Patrum mi.serans.,...
Et nos.tra rumpens vin.cula
Non cor.de discedat. tuo
Vix ill' amoris inclyti
Hoc fonte gentes hau.riant.,...
Remis.sionis gra.tiam

Percus.s' ad hoc est lan.cea
Passumqu' ad hoc est vulnera
Ut nos lavaret sor.didos.,...
Unda. fluent' et san.guine
Decus. Parent'et Fi.lio
Sanctoque sit Spiritui
Quibus potestas glo.ria.,...
Regnum qu'in omn'est se.culum

℣. Haurietis aquas in gaudio, ℟. De fontibus Salvatoris.

N° 13. — Du 2. — Vespéral, page 472.

E- xul- tet or-bis gaudi- is ; Cœlum re- sul-

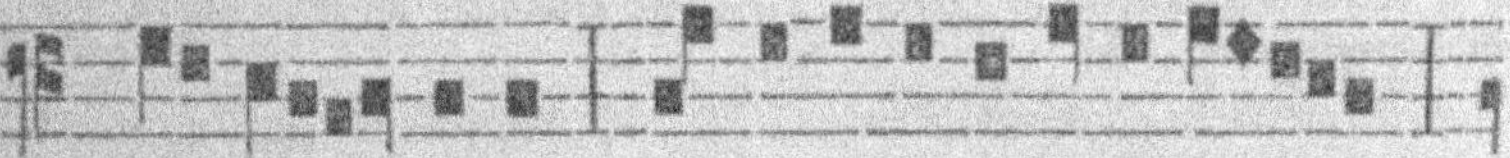

tet lau- dibus ; A- pos-tolorum glori-am

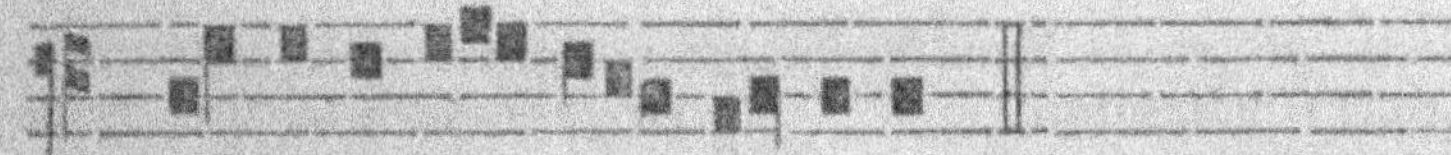

Tellus et as- tra con-cinunt.

Vos. se,cu.lo,rum judices.,.
Et ve.ra. mundi. gau..,dia
Vo,tis precamur cordium....
Au,dite pre..ces.. sup,plicum
Qui. tem,pla. cœ,li clau-
ditis.,.
Seras.que. verbo. sol..,vitis
Nos, a reatu noxios....
Sol,vi jube..te.. quæ,sumus
Præ.cep,ta. quo,rum pro-
tinus.,,

Languor. sa.lusque. sen..,tiunt
Sa,nate mentes languidas....
Au,gete nos,. vir..tu,tibus
Ut. cum. re.di,bit arbiter.,.
In fi.ne. Christus. se..,culi
Nos, sempiterni gaudii....
Con,cedat es..se.. com,potes
Pa.tri, si.mul,que Filio.,.
Tibi.que. sancte. Spi..,ritus
Si,cut fuit sit jugiter....
Se,clum per om..ne.. se,culum

℣. In omnem terram exivit sonus eorum, ℟. Et in fines terræ verba eorum. ℣. Annuntiaverunt opera Dei ; ℟. Et facta ejus intellexerunt.

N° 14. — Du 3. — Vespéral, page 477.

ne carant im- pi- i.

Ser.,*mo*.ne ve,rax An..gelus
*Mu*.lieribus prædixe*rat*..
Mox ore Christus. *gau*dium
Gregi fe*ret*. fide.,li*um*.
Ad., *an*.xios, Apos..tolos
*Cur*.runt statim dum nuntiæ..
Illæ micantis. *ob*via
Christi te*nent*. ves*ti*.,gi*a*.
Ga.,*li*.l' ad al,ta mon..tium
*Se*. conferunt Aposto*li*..
Jesuque voti. *com*potes
Almo be*an*.tur lu.,mi*ne*.
*Ut*.,*sis*. peren,ne men..tibus
*Pas*.chale Jesu gaudi*um*..
A morte dira. *cri*minum
Vitæ re*na*.tos *li*.,be*ra*.
De.,*o*. Patri, sit glo..ria
*Et*. filio qu' a mortu*is*.
Surrexit ac Pa.*ra*clito
In sempi*ter*.na se.,*cu*l*a*.

℣. Sancti et Justi, in Domino gaudete, alleluia. ℟. Vos elegit Deus in hæreditatem sibi.

℣. Pretiosa in conspectu Domini, all., ℟. Mors Sanctorum ejus, allel.

**Même Air :** *Pour plusieurs Martyrs, au Temps pascal.*

Rex., *glo*.rio,se Mar..tyrum
*Co*.rona confitenti*um*..
Qui respuentes. *ter*rea
Perducis *ad*. cœles.,ti*a*.
Au.,*rem*. beni,gnam pro..-timus
*In*.tende nostris voci*bus*..
Trophæa sacra. *pan*gimus
Ignosce *quod*. deli.,qui*mus*.
Tu., *vin*.cis in,ter Mar..tyres
*Par*.cisque Confessori*bus*..
Tu vince nostra. *cri*mina
Largitor *in*.dulgen.,ti*æ*.

*Ut sis perenn*.. et *Deo Patri*..
du N° 14 ci-dessus.

**Même Air :** *Pour un Martyr, au Temps pascal.*

De.,*us* tuo,rum mi..litum
*Sors*. et coron' et præmi*um*..
Laudes canentes. *Mar*tyris
Absolve *ne*.xu *cri*.,mi*nis*.
Hic.,*nem*.pe mun,di gau..dia
*Et*. blanda fraudum pabu*la*..
Imbuta felle. *de*putans
Pervenit *ad*. cœles.,ti*a*.
Pœ.,nas cucur,rit for..titer
*Et*. sustulit virili*ter*..
Fundensque pro te. *san*guinem
Æterna *do*.na pos.,si*det*.
Ob., *hoc*. preca,tu sup..plici
*Te*. poscimus piissi*me*..
In hoc triumpho. *Mar*tyris
Dimitte *no*.xam ser.,vu*lis*.
*Ut sis peren*.. et *Deo Patri*..
du N° 14 ci dessus.

**Même Air :** Saint Venant, Martyr.

Mar.,*tyr*. Dei, Venan..tius
*Lux*. et decus Camerti*um*..
Tortore vict' et. *Ju*dice
Lætus tri*um*.phum con.,ci*nit*.
An.,*nis*. puer, post vin..cula
*Post*. carceres post verbe*ra*..
Longa fame fre.*men*tibus
Cibus da*tur*, leo.,ni*bus*.
Sed., *e*.jus in,nocen..tiæ
*Par*.cit leon' immani*tas*.

Pedesque lambunt. *Mar*tyris
træ famis.qu' imme.,mores.
Ver.,so. deor,sum ver.,tice
Hau.rire summum cogi*tur*..
Costas utrinqu' et. *vis*cera
Succensa *lam*.pas us.,tu*lat*.
Sit., *laus*. Patri. sit Fi.,lio
*Ti*.bique sancte Spiri*tus*..
Da per preces Ve.*nan*tii
Beata *no*.bis gau.,di*a*.

No 15. — Du 8. — Vespéral, page 656.

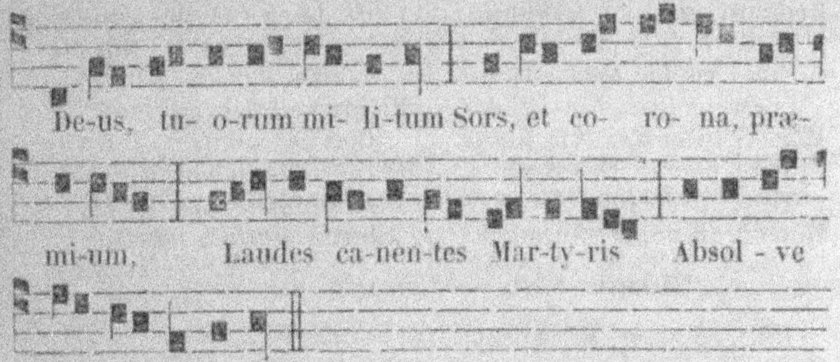


Hic *nem*.pe. mundi. *gau*.di*a*
Et *blan*.da. frau.*dum*. pa.bu-
*la*..
In.,bu*ta*. fel*le*. de,pu*tans*..
Pervenit. *ad*. *cœ*.*lestia*
Pœ*nas*. cu.currit. *for*.ti*ter*
Et *sus*.tu.lit. *vi*.ri,li*ter*..
Fun.,dens*que*. pro *te*. san,gui-
*nem*..
Æterna. *do*.*na*. *possidet*
Ob *hoc*. pre.catu. *sup*.pli*ci*
Te *pos*.ci.mus. *pi*.is,si*me*..
In.,hoc *tri*.um*pho*. Mar,ty*ris*..
Dimitte. *no*.*xam*. *servulis*
Laus *et*. pe.rennis. *glo*.ria
Pa*tri*. sit. at.*que*. Fi,lio..
Sanc.,to *si*.mul *Pa*.ra.cli*to*..
In sempi.*ter*.*na*. *secula*

℣. Gloria et honore coronasti eum, Domine, ℟. Et constituisti eum super opera manuum tuarum. ℣. Justus ut palma florebit : ℟. sicut cedrus Libani multiplicabitur ℣. Levita Laurentius bonum opus operatus est, ℟. Qui per signum crucis cæcos illuminavit.

**Même Air.** — *St Jean de Kanty.* — 1res Vêpres.

Gen*tis*. Po.lonæ. *glo*.ria
Cle*ri*.que. splen.*dor*.no,bi*lis*..
De.,cus *Ly*.ce' *et*. Pa,triæ..
Pater Jo.*an*.*nes*. *inclyte*
Le*gem*. su.perni. *Nu*.mi*nis*
Do*ces*. Ma.gis.*ter*. et, fa*cis*..
Nil., scir*e*. pro*dest*. se,dul*o*..
Legem ni.*ta*.*mur*. *exequi*
A*pos*.to.lorum. *li*.mi*na*
Pe*des*. vi.a.*tor*. vi.si*tas*..
Ad., Pa*tri*.am *quam*. ten.di-
*mus*..
Gressus vi.*am*.*que*. *dirige*
Ur*bem*. pe.tis Je.*ru*.sa*lem*
Si*gna*.ta. sa.*cro*. san,gui*ne*..
Chris.,ti *co*.lis *ves*.ti,gi*a*..
Rigasque. *fu*.*sis*. *fletibus*
A*cer*.ba. Christi. *vul*.nera
Hære.te. nos.*tris*. cor,di*bus*..
Ut., co*gi*.te*mus*. con,se*qui*..
Redempti.*o*.*nis*. *pretium*
Te *pro*.na.mundi. *ma*.chin*a*

Clemens. a.do.*ret*. Tri,ni*tas*..
Et., nos *no*.vi *per*. gra,ti*am*..

Novum ca.*na*.*mus*. *canticum*.

*St Jean de Kanty*. — 2es Vêpres.

Te *de*.pre.cante. *cor*.*porum*
Lues. re.ce.*dit*. im,pro*bi*..
Mor.,bi *fu*.gan*tur*. pris,ti*na*..
Redeunt. sa*lu*.*tis*. *munera*
Phthisi. fe.briqu' et. *ul*.*cere*
Diram. re.dac.*tos*. ad, ne-
*cem*..
Mor.,ti *sa*.cra*tas*. vic,ti*mas*..
Ejus ra.*pis*. *e*. *faucibus*
Te *de*.pre.cante. *tu*.mi*do*
Merces. ab.ac.*tæ*. flu,mi*ne*..

Trac.,tæ *De*.i *po*.ten,ti*a*..
Sursum flu.*unt*. *re*.*trogradæ*
Cum *tan*.ta. possis. *se*.di*bus*
Cœli. lo.ca.*tus*. pos,ci*mus*..
Res.,pon*de*. vo*tis*. sup,pli-
*cum*..
Et invo.*ca*.*tus*. *subveni*
O *u*.na. semper. *Tri*.*nitas*
O *tri*.na. sem.*per*. U,ni*tas*..
Da., sup*pli*.can*te*. Cau,ti*o*.
Æterna. *no*.*bis*. *præmia*

**Même Air.** — *Commun des Vierges*.

Jesu. co.ro*na*. *Vir*.gi*num*
Quem *Ma*.ter. il.*la*.con,ci*pit*..
Quæ., so*la*. vir*go*. par,tu*rit*..
Hæc vota. *cle*.*mens*. *accipe*
Qui *per*.gis. inter. *li*.li*a*
Sep*tus*. cho.re.*is*. Vir,gi*num*..
Spon.,sus *de*.*corus*. glo,ri*a*..
Sponsisque. *red*.*dens*. *præmia*
Quo*cum*.que.tendis. *Vir*.gi-
*nes*
Se*quun*.tur. at.*que*.lau,di*bus*..
Post., te *ca*.nen*tes*. cur,si-
*tant*..

Hymnosque. *dul*.*ces*. *perso*-
*nant*
Te *de*.pre.camur. *lar*.gi*us*
Nos*tris*. ut.ad *das*. sen,si*bus*..
Nes.,ci*re*. pror*sus*. om,ni*a*..
Corrupti.*o*.*nis*. *vulnera*
Vir*tus*. ho.nor laus. *glo*.ri*a*
Deo. Pa.tri. *cum*. Fi,lio..
Sanc.,to *si*.mul *Pa*.ra,cli*to*..
In secu.*lo*.*rum*. *secula*

℣. Specie tua et pulchritudine tua, ℟. Intende, prospere procede et regna. ℣. Diffusa est gratia in labiis tuis ; ℟. Propterea benedixit te Deus in æternum.

**Même Air.** — *Commun des Saintes Femmes*.

For*tem*. vi.rili. *pec*.to*re*
Lau*de*.mus. om.*nes*. fe,mi-
*nam*..
Quæ., sanc*ti*.ta*tis*. glo,ri*a*..
Ubique. *ful*.*get*. *inclyta*
Hæc *sanc*,t' a.more. *sau*.ci*a*
Dum *mun*.d' a.mo.*rem*. no,xi-
*um*..
Hor.,res*cit*. ad *cæ*.les,ti*a*..
Iter per.*e*.*git*. *arduum*
Car*nem*. do.mans je.*ju*.nis
Dulci.que.men.*tem*. pa,bu*lo*..

O.,ra*ti*.*onis*. nu,tri*cans*..
Cœli po.*ti*.*tur*. *gaudiis*
Rex *Chris*.te. virtus. *for*.ti-
*um*
Qui *ma*.gna. so.*lus*. ef,fi*cis*..
Hu.,jus *pre*.*ca*tu. quæ.su*mus*..
Audi be.*ni*.*gnus*. *supplices*
Deo. Pa.tri sit. *glo*.ri*a*
Ejus.que. so.*li*. Fi,lio..
Cum., Spiri.tu *Pa*.ra,cli*to*..
Nunc et per. *om*.*ne*. *seculum*

## N° 16. — Du 8.

Anciennes éditions.

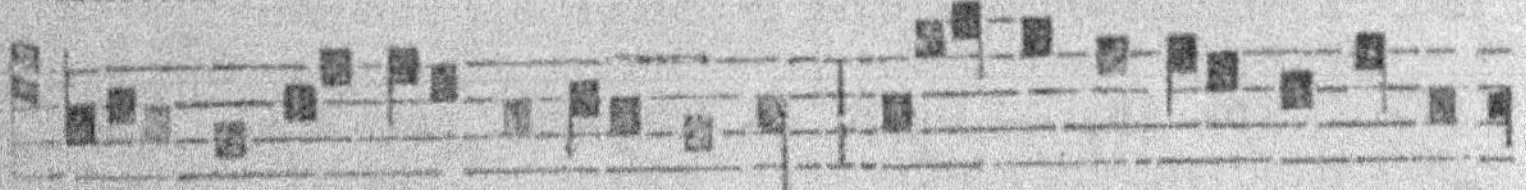


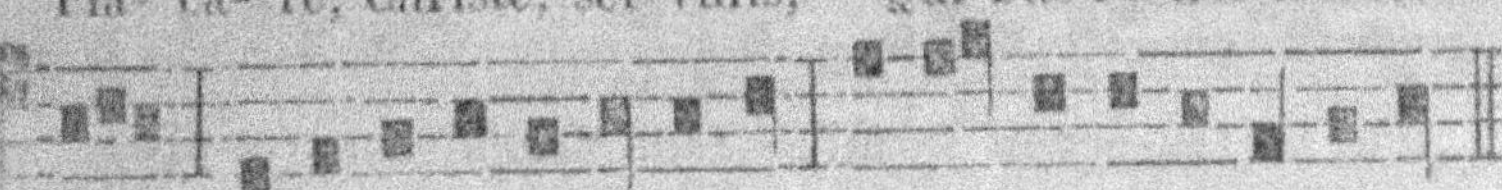


*Et.*, vos be.*a*.ta *per*. nov*em*
Dis.,tincta *gy*.ros *ag*mina..
Antiqua cum præ*sentibus*
Futu,ra damna *pellite*

*A*..posto.*li*. cum *Va*.ti*bus*
A.,pud sev*e*.rum *Ju*dicem..
Veris reorum *fletibus*
Expos,cit' indul*gentiam*

*Vos*..purpu.*ra*.ti *Mar*.ty*res*
Vos., candi*da*.ti *præ*mio..
Confessionis *exules*
Voca,te nos in *patriam*

*Cho*..rea. *cas*.ta *Vir*.gin*um*
Et., quos *ere*.mus *in*colas..
Transmisit astris *cœlitum*
Loca,te nos in *sedibus*

*Au*..ferte. *gen*.tem *per*fid*am*
Cre..denti*um*. de *f*inibus..
Ut unus omnes *unicum*
Ovi.le nos Pas*tor regat*

*De*..o Pa.*tri*. sit *glo*.ri*a*
Na.,toque *Pa*.tris *u*nico..
Sancto simul Pa*raclito*
In sem.piterna *secula*

℣. Lætamini in Domino, et exult*a*te, Justi ; ℟. Et glori*a*mini omnes recti corde. ℣. Exultabunt Sancti in gl*o*ria : ℟. Lætab*u*ntur in cubilibus suis.

## N° 17. — Du 2. — Vespéral, page 437.

Tibi mille dens*a mil*.lium
Ducum corona *militat*
Sed ex.plic*at*. victor. crucem.
Mic*hel*. salutis *si* gni*fer*

Draconis hic dir*um*. caput
In ima *pel*lit *tartara*
Ducem.que *cum*. rebel.libus.
*Cœles*.t ab arce *ful*.min*ant*

Contra ducem su*per*.biæ
Sequamur *hunc* nos *principem*
Et de.tur *ex*. Agni. throno.
Nob*is*. corona *glo*.riæ

Deo Patri sit *glo*.ria
Et Filio qu' a *mortuis*
Surre.xit *ac*. Para.clito,
In *sem*.piterna *se*.cul*a*

℣. Stetit Angelus juxta aram templi. ℟. Habens thuribulum aureum in manu sua. ℣. In conspectu Angelorum psallam tibi, Deus meus. ℟. Adorabo ad templum sanctum tuum, et confitebor nomini tuo.

**N° 18. — Du 6. — Vespéral, page 393.**

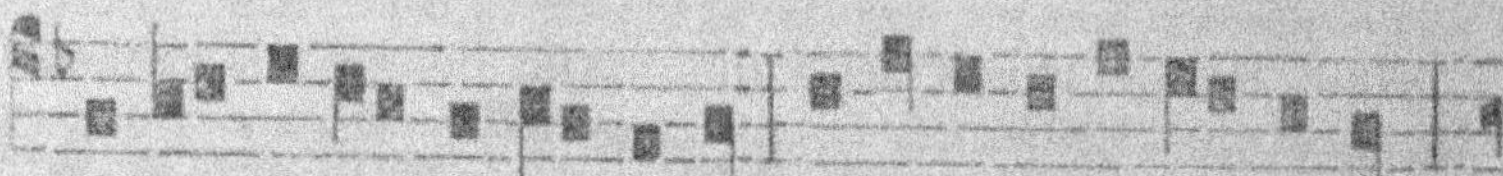

Pa- ter su-per-ni lu-minis, Cum Magdalenam res-pi-cis,

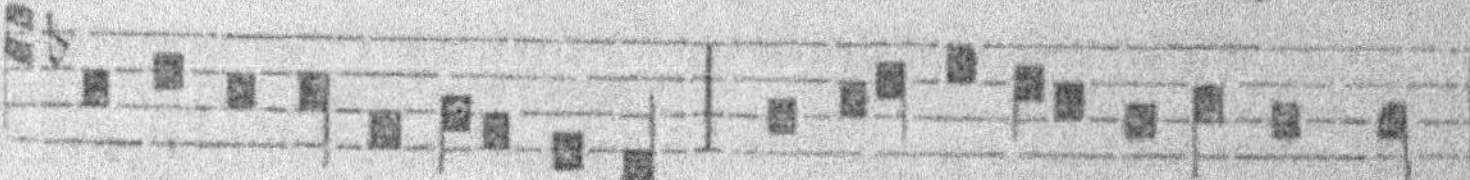

Flammas a-moris ex- ci-tas Ge-lu-que solvis pec-to- ris.

Amo,re *cur.*rit *sau.*cia
Pedes beatos *un.*gere
Lavare *fletu ter.*gere
Comis, et *o.*re *lambere*
Ad*sta.*re *non. timet.* Cruci
Sepulchr' inhæret *an.*xia
Truces nec *horret mi.*lites
Pellit. ti*mo.*rem *caritas*

O *ve.*ra *Chris.*te *caritas*
Tu *nos*tra purga *cri.*mina
Tu corda *reple gra.*tia
Tu red.de *cœ.*li *præmia*
*Patri. simul.*que *Fi.*lio
Ti*bi*que sancte *Spi.*ritus
Sicut fu*it* sit *ju.*giter
Seclum. per *om.*ne *seculu.*

Versets des Vierges, page 42.

**N° 19. — Du 4. — Air** tiré des *Vêpres des Apôtres.*

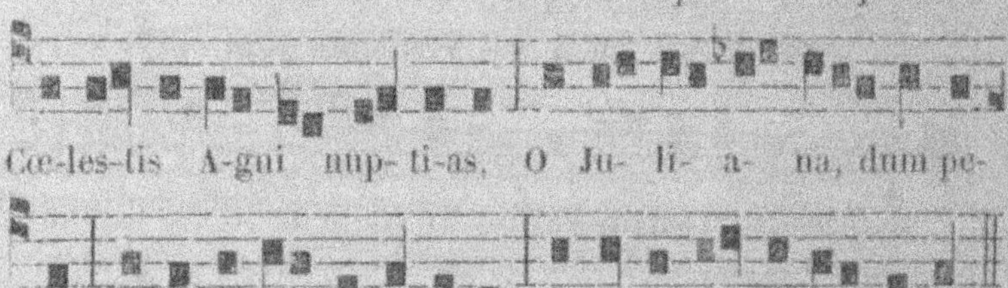

Cœ-les-tis A-gni nup- ti-as, O Ju- li- a- na, dum pe-

tis, Domum paternam dese-ris, chorumque ducis Vir-gi-num.

Sponsum,que *suf.fi.*xum, cruci
Noctes. *di.*es.*que.. dum* gemis
Doloris *ic.*ta *cus*pide
Spon*si* refers, i*ma.*gi*nem*
Quin sep,ti*for.mi.* vul,nere
Fles ad. *ge.*nu. *De..i* paræ
Sed crescit *in.*fuso fletu
Flam*mas*que *tol,*lit *ca.*ri*tas*

Hinc mor,te *fes.sam.* pro,-xima
Non u.*si.*ta.*to.. te* modo
Solatur *et.* nu*trit* Deus
Da*pem* super,nam *por.*ri*gens*
Æter,ne *re.rum.* con,ditor
Æter.*ne.* Fi.*li.. par* Patri
Et par u*tri.*que *Spi*ritus
*Soli* tibi, sit *glo.*ria

Versets des Vierges, page 42.

N° 20. — Du 2. — **Air** tiré de l'*Office de la Ste Vierge.*

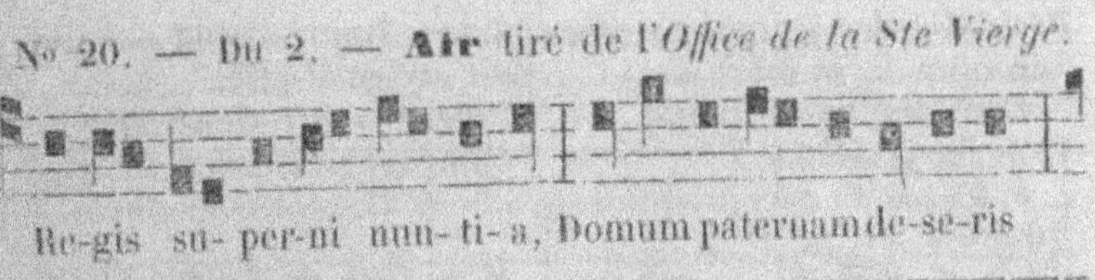


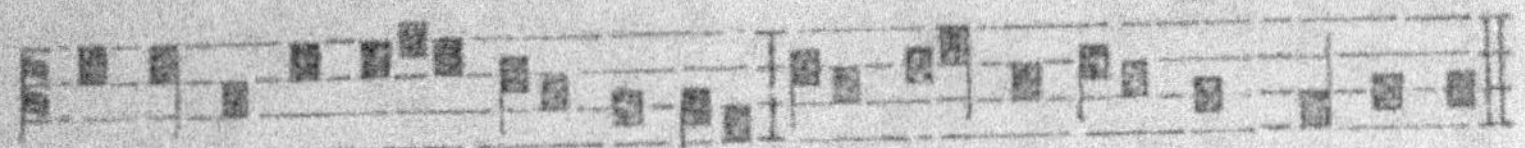

Terris There-sa bar-ba-ris Christum da-tu-r'aut sanguinem

Sed te. ma.net su.a.vior
Mors pœna pos.cit dulcior
Divin'amoris.. cus.pide.
In. vul,nus ic.ta concides
O ca.ri.tatis, vic.tima
Tu nostra cor.da concrema

Tibique gentes.. cre.ditas.
A.ver,n' ab i.gne libera
Sit laus. Pa.tri cum. Fi.lio
Et Spiritu. Paraclito
Tibique sancta.. Tri.nitas.
Nunc. et, per om.ne seculum

Versets des Vierges, page 42.

N° 21. — Du 3. — Vespéral, page 277.

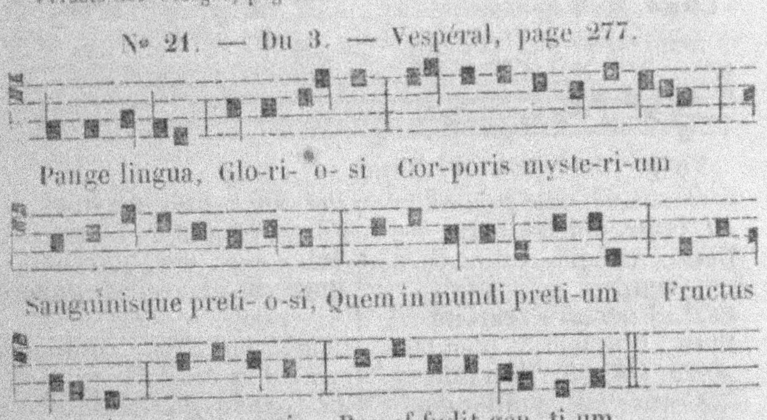


Nobis datus. | nobis na,tus
Ex, intacta Virgine..
Et in mundo conversatus
Sparso verbi semine.
Sui mo.ras | incolatus
Miro clausit or.dine
In supre me. | nocte cœ,næ
Re.cumbens cum fratribus..
Observata lege plene
Cibis in legalibus.
Cibum tur.bæ | duodenæ
Se dat suis ma.nibus

Verbum caro. | panem ve,-
rum
Ver,bo carnem efficit..
Fitque sanguis Christi merum
Et si sensus deficit.
Ad firman.dum | cor sincerum
Sola fides suf.ficit
Tantum ergo. | sacramen.-
tum
Ve,neremur cernui..
Et antiquum documentum
Novo cedat ritui.

| | |
|---|---|
| Præstet *fi*.des \| supple*men*tum | Salus *honor* virtus *quoque* |
| Sensuum de*fec*.tui | Sit et *benedictio.* |
| *Genitori.* \| *genito*.que | Proce*den*.ti \| ab *utroque* |
| Laus, et jubi*la*tio.. | Compar sit lau*da*.tio |

℣. Panem de cœlo præstitisti eis, all. ℟. Omne delectamentum in se habentem, all.

No 22. — Du 1. — Vespéral, page 429.

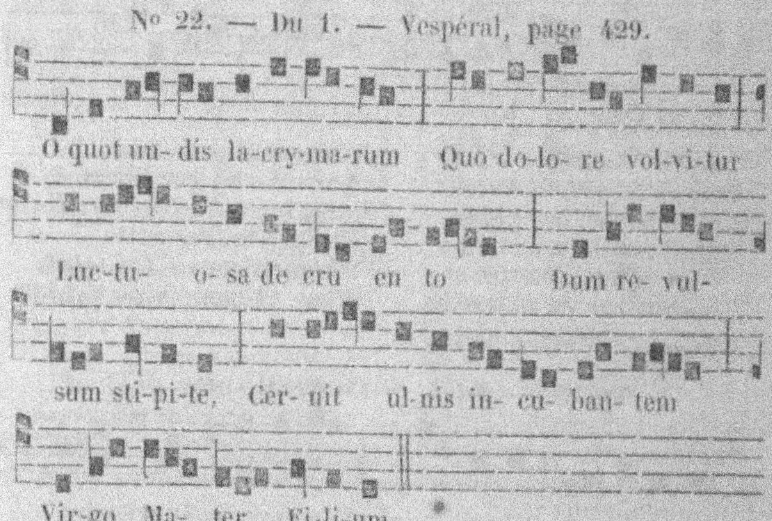


| | |
|---|---|
| *Os* sua,*ve.* mite *pec.tus.* | *Per.* tu*as.* has. *lae*rymas |
| *Et.* la*tus.* dul.*cis*simum | Fili.,.ique tris.*te.* fu.nus,.. |
| Dexte.,.ramque vul.*ne*.ra.-tam,.. | Vul*ne.rum..que..pur*puram |
| Et *si.ni.,stram..* *sau*ciam | Hunc tu.,.i cordis. *do*.lo.-rem,.. |
| Et ru.,.brasamo.*re.* plan.tas,.. | Con*de. no.,stris.,* *cor*dibus |
| *Ægra. tin.,git..* *lac*rymis | *Esto* Pa.*tri.* Filio.*que.* |
| *Centies,que,* milli*es.que.* | *Et.* coe.vo. *Flamini* |
| *Strin*.git *arc*.tis. *ne*xibus | Esto.,. summæ Tri.*ni*.ta.ti,.. |
| Pectus.,. illud et. *la*.cer.tos,.. | Sem*pi.ter..na..* *g*loria |
| Il*la. fi..git..* *vul*nera | Et per.,.ennis laus, *ho*.nor.-que,.. |
| Sicque.,.tota col.*li.* ques.cit,.. | Hoc *et. om..ni..* seculo |
| In *do.lo..ris..* *os*culis | |
| *Eia* Ma,*ter.* obse*cra.mus.* | |

℣. Regina Martyrum, ora pro nobis, ℟. Quæ juxta crucem Jesu constitisti.

No 23. — Du 3. — Vespéral, page 510.

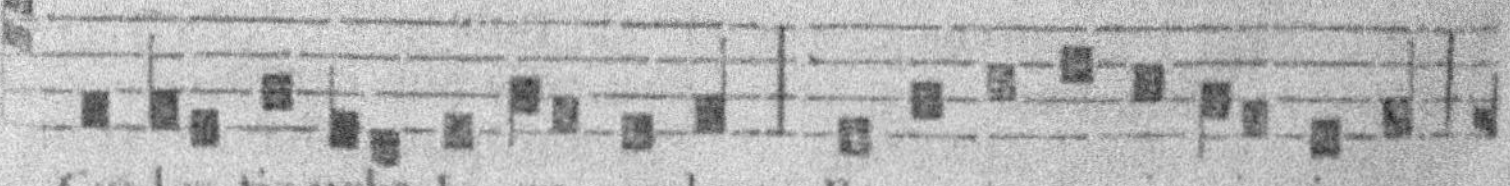

Cœ-les-tis urbs Je- ru- sa-lem Be- a- ta pa-cis vi- si- o,

O sor.te nup.ta pros.pera
Dotata Patris glo.ria
Respersa, sponsi gra.tia
Regina formosis.sima
Christo. juga.ta prin.cipi
Cœli corusca ci.vitas

Hic mar.gari.tis e.micant
Patentque cunctis os.tia
Virtute, namque præ.via
Mortalis illuc du.citur
Amo.re Chris.ti per.citus
Tormenta quisquis sus.tinet

Scalpri. salu.bris ic.tibus
Et tunsione plu.rima
Fabri po.lita mal.leo
Hanc saxa molem con.struunt
Aptis.que junc.ta ne.xibus
Locantur in fasti.gio

Decus. Paren.ti de.bitum
Sit usquequaqu' altis.simo
Natoque, Patris u.nico
Et inclito Para.clito
Cui laus, potes.tas glo.ria
Æterna sit per se.cula

℣. Hæc est domus Domini firmiter ædificata. ℟. Bene fundata est supra firmam petram. ℣. Domum tuam, Domine, decet sanctitudo. ℟. In longitudinem dierum.

No 24. — Du 1. — Vespéral, page 514.

Sumens, illud. a.,.,ve
Gabrie.lis. ore
Funda nos in pace.,...
Mutans Evæ nomen

Solve, vincla, re.,..is
Profer lu.men, cœcis
Mala nostra pelle.,...
Bona cuncta posce

Monstra, t' esse, ma.,..trem
Sumat per. te. preces
Qui pro nobis natus.,...
Tulit esse tuus

Virgo, singu,la.,..ris
Inter om.nes. mitis
Nos culpis solutos.,...
Mites fac et castos

Vitam, præsta, pu.,..ram
Iter pa.ra. tutum
Ut videntes Jesum.,...
Semper collætemur

Sit laus, Deo, Pa.,..tri
Summo Chris.to. decus
Spiritui sancto.,...
Tribus honor unus

℣. Responsum accepit Simeon a Spiritu sancto ; ℟. Non visurum se mortem, nisi videret Christum Domini. ℣. Ave, Maria, gratia plena, all. ℟. Dominus tecum, all. ℣. Dignare me laudare te, Virgo sacrata. ℟. Da mihi virtutem contra hostes tuos. ℣. Exaltata est sancta Dei Genitrix. ℟. Super choros Angelorum ad cœlestia regna. ℣. Nativitas (Immaculata Conceptio) est hodie sanctæ Mariæ Virginis, ℟. Cujus vita inclyta cunctas illustrat ecclesias.

No 25. — Du 1. — Vespéral, page 338.

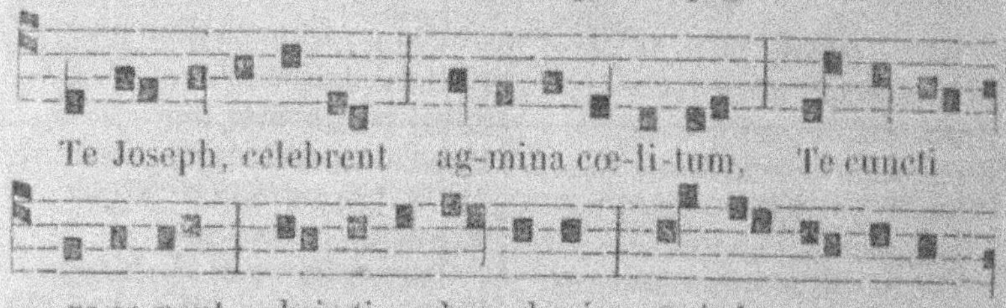


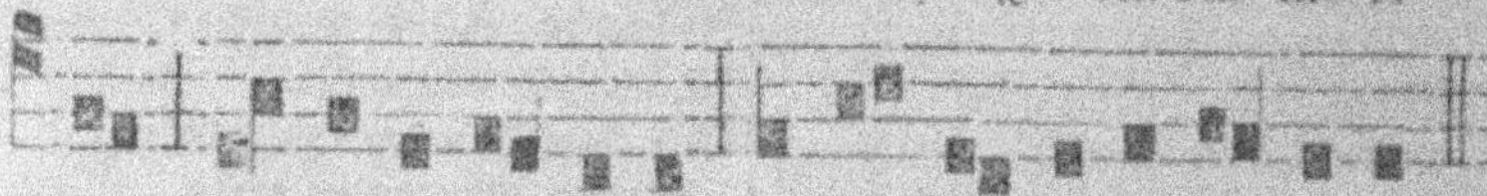

tis Junctus et in-clytæ Cas-to fœ- de-re Vir- gi-ni.

*Almo. cum* tumidam.
*germine conjugem.*
Ad,*mirans*.dubio.
tan.geris an,xius
Af,fla.tu. superi.
flam,minis An,gelus
*Con*cep.tum. puerum, docet
*Tu* na.*tum* Dominum.
*strin*gis ad *ex*teras.
Æ,*gyp*ti. profugum.
tu. sequeris, plagas
A,mis.sum. Solymis.
quæ, | ris et in, venis
*Mis*cens. gau.dia fle,tibus

*Post* mor.*tem* reliquos.
*mors* pia *con*secrat.
Pal,*mam*qu'e.meritos.
glo.ria sus,cipit
Tu, vi.vens. Superis.
par, frueris, Deo
*Mira*. sor.te bea.tior
*No*bis. *sum*ma Trias.
*par*ce præ*can*tibus.
Da, *Jo*seph. meritis.
si.dera scan.dere
Ut, tau.dem. liceat.
nos, tibi per,petim
*Gra*tum. pro.mere can,ticum

℣. Constituit eum Dominum domus suæ, ℟. Et principem omnis possessionis suæ. ℣. Gloria et divitiæ in domo ejus, ℟. Et justitia ejus manet in seculum seculi. ℣. Sub umbra illius quem desideraveram sedi, allel. ℟. Et fructus ejus dulcis gutturi meo, allel.

No 26. — Du 2. — Vespéral, page 487.

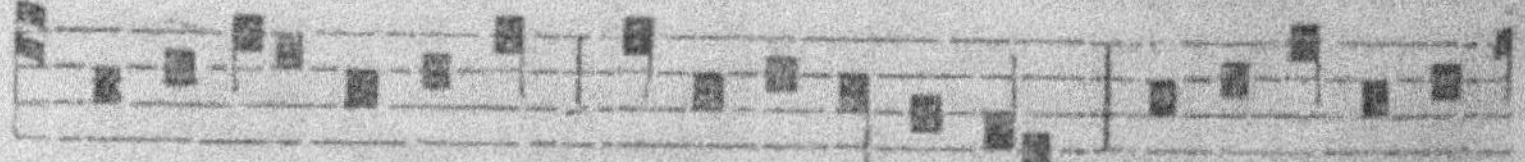

Sanctorum me ri-tis in-clyta gaudi- a Pangamus so-ci-

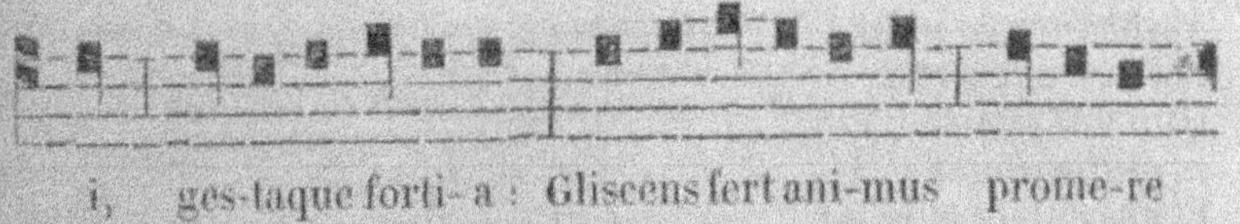

i, ges-taque forti- a : Gliscens fert ani-mus prome-re

canti-bus Vic-torum genus optimum.

Hi sunt quos, fatue
mundus abhorruit,
Hunc fructu vacuum
floribus aridum
Contempsere tui
nominis asseclæ
Jesu rex bone cælitum
Hi pro te, furias
atque minas truces,
Calcarunt hominum
sævaque verbera
His cessit lacerans
fortiter ungula
Nec carpsit penetralia
Cæduntur, gladiis
more bidentium,
Non murmur resonat
non quærimonia

Sed cord' impavido
mens bene conscia
Conservat patientiam
Quæ vox quæ, poterit
lingua retexere,
Quæ tu martyribus
munera præparas
Rubri nam fluido
sanguine fulgidis
Cingunt tempora laureis
Te summ' o, deitas
unaque poscimus,
Ut culpas abigas
noxia subtrahas
Des pacem famulis
ut tibi gloriam
Annor' in seriem canant

Versets du N° 16, page 45.

**Même Air.** — Fête du *Précieux Sang*.

Festivis, resonent
compita vocibus,
Cives lætitiam
frontibus explicent
Tædis flammiferis
ordine prodeant
Instructi puer' et senes
Quem dura, moriens
Christus in arbore,
Fudit multiplici
vulnere sanguinem
Nos facti memores
dum colimus decet
Saltem fundere lacrymas
Humano, generi
pernicies gravis,
Adami veteris
crimine contigit
Adam' integritas
et pietas novi
Vitam reddidit omnibus
Clamorem, validum
summus ab æthere,
Languentis geniti
si Pater audiit
Placari potius
sanguine debuit
Et nobis veniam dare
Hoc quicum, que stolam
sanguine proluit.

Abstergit maculas
et roseum decus
Quo fiat similis
protinus angelis
Et regi placeat capit
A rect' instabilis
tramite post modum
Se nullus retrahat
meta sed ultima
Tangatur tribuet
nobile præmium
Qui cursum Deus adjuvat
Nobis pro.pitius
sis genitor potens.
Ut quos unigenæ
sanguine Filii
Emist' et placido
flamine recreas
Cœl' ad culmina transferas

℣. Te ergo quæsumus, famulis tuis subveni ; ℟. Quos pretioso sanguine redemisti.

No 27. — Du 2. — Vespéral, page 494.

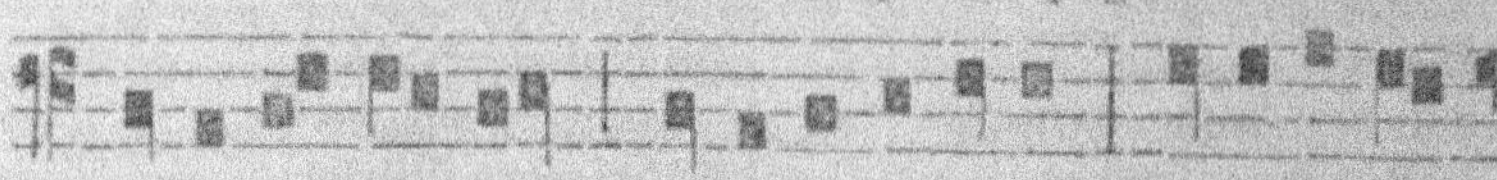

Is-te con- fes- sor Do-mini colentes Quem pi-e lau-

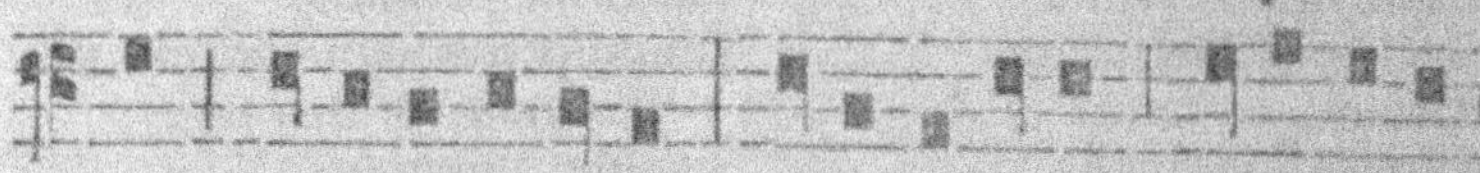

dant po-pu-li per orbem Hac di- e lætus * me-ru-it be-

a - tas scande-re se-des.

* meruit supre.mos
Laudis honores
Qui pius. pru.-
dens.
humilis pudicus
Sobriam du.xit
sine labe vitam
Donec humanos
animavit au.ræ
Spiritus artus
Cujus ob. præs.-
tans.
meritum frequenter
Ægra quæ pas.sim
jacuere membra
Viribus morbi
domitis salu.ti
Restituuntur
Noster hinc. il.-
li,
chorus obsequen -
tem
Concinit lau dem
celebresque palmas
Ut piis ejus
precibus juve.mur
Omne per ævum
Sit salus. il.li,
decus atque virtus
Qui super cœ.li
solio coruscans
Totius mundi
seriem guber.nat
Trinus et unus

℣. Amavit eum Dominus et ornavit eum ; ℟. Stolam gloriæ induit eum. ℣. Justum deduxit Dominus per vias rectas ; ℟. Et ostendit illi regnum Dei.

**Même Air :** *St Jean-Baptiste.*

Ut queant. la.xis.
resonare fibris
Mira gesto.rum
famuli tuorum
Solve pol.luti
labii rea.tum
Sancte Joannes
Nuntius. cel.so.
veniens Olympo

Te patri ma.gnum
fore nasciturum
Nomen et vitæ
seriem geren.dæ
Ordine promit
Ille pro.mis.si,
Dubius superni
Perdidit promp.tæ
modulos loquelæ

Sed reformasti
genitus peremp.tæ
Organa vocis
Ventris ob.tru.so,
recubans cubili
Senseras Re.gem
thalamo manentem
Hinc parens nati
meritis u.ter.que

Abdita pandit
Sit decus, Pa.tri,
genitæque Proli
Et tibi com.par
utriusque virtus
Spiritus semper
Deus unus om.ni
Temporis ævo

℣. Fuit homo missus à Deo, ℟. Cui nomen erat Joannes. ℣. Iste puer erit magnus coram Domino ; ℟. Nam et manus ejus cum ipso est.

**Même Air : N. D. Auxiliatrice.**

Sæpe dum. Chris.
ti,
populus cruentis
Hostis infen.si
præmeretur armis
Venit adjutrix
pia Virgo cæ.lo
Lapsa sereno
Prisca sic. Pa -
trum,
monumenta nar-
rant
Templa testan.tur
spoliis opimis
Clara votivo
repetita cul.tu
Festa quotannis
En novi. gra.tes,

liceat Mariæ
Cantici læ.tis
modulis referre
Pro novis donis
resonante plau.su
Urbis et orbis
O dies. fe.lix,
memoranda fastis
Qua Petri se.des
fidei Magistrum
Triste post lustrum
reducem bea.ta
Sorte recepit
Virgines. cas.tæ,
puerique puri
Gestiens Cle.rus
populusque grato
Corde Reginæ

celebrare cœ.li
Munera certent
Virginum. Vir.go,
benedicta Jesu
Mater hæc au.ge
bona fac precamur
Ut gregem Pastor
Pius ad salu.tis
Pascua ducat
Te per æ.ter.nos,
veneremur annos
Trinitas sum.mo
celebranda plausu
Te fide mentes
resonoque lin.guæ
Carmine laudant

℣. Dignare, Nº 24, page 47 et 48.

Nº 28. — Du 6. — Vespéral, page 382.

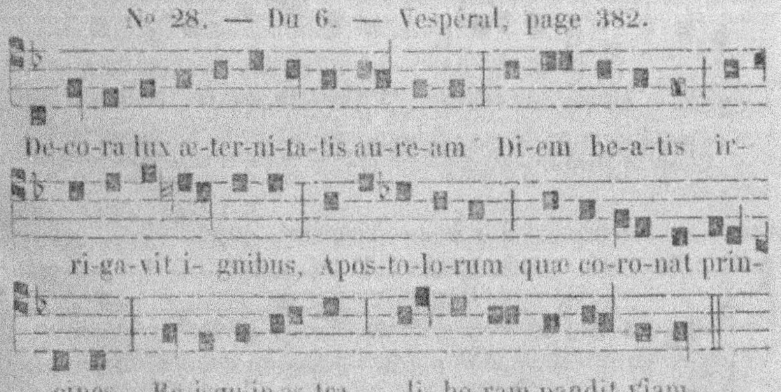

Mun*di* Magister atque *cæ*li Ja,nitor
Ro*mæ* parentes | Arbitrique gen,tium
Per ensis ill'hic per cru*cis*, victor, necem
Vitæ sena.tum | lau,re*a*ti pos,sident
O *Ro*ma felix quæ du*o*rum Prin,cipum
Es *con*secrata | glorioso san,guine
Horum cruore | purpu*ra*.ta cœ,teras
*Ex*cellis or.bis | u,na *pul*chritu,dines
Sit *Tri*adi sempi*ter*na glo,ria
Ho*nor* potestas | atque jubila,tio
In unitate | quæ gu*ber*.nat o,mnia
*Per* univer.sa | se.cu*lo*rum se,cula

℣. N° 15, page 32 (après l'hymne *Exultet cœlum*).

No 29. — Du 4. — Vespéral, page 315.

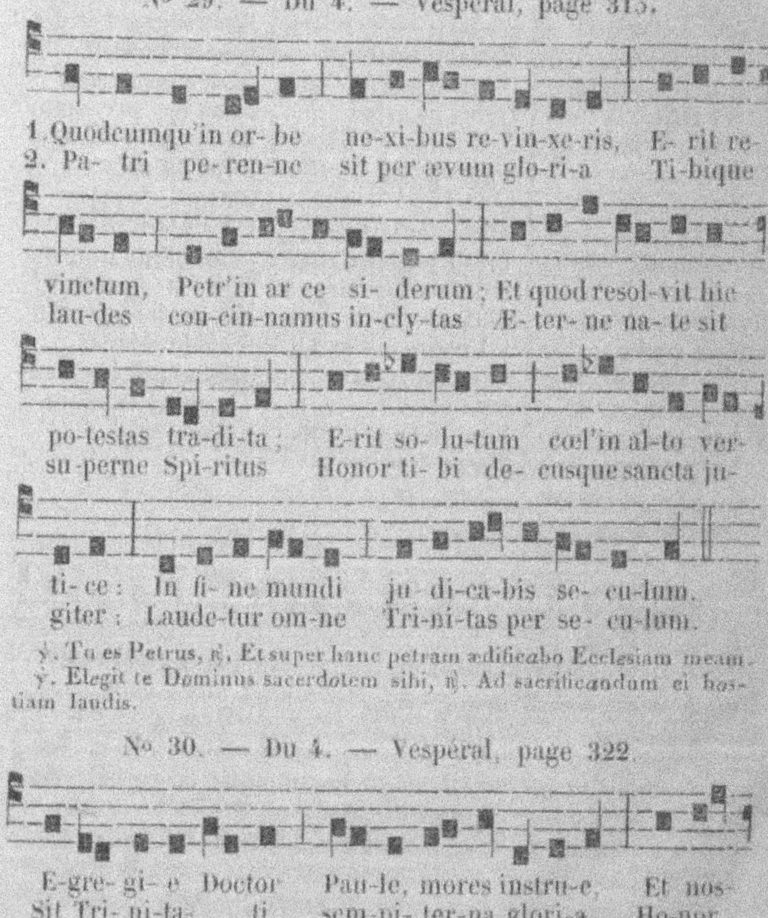

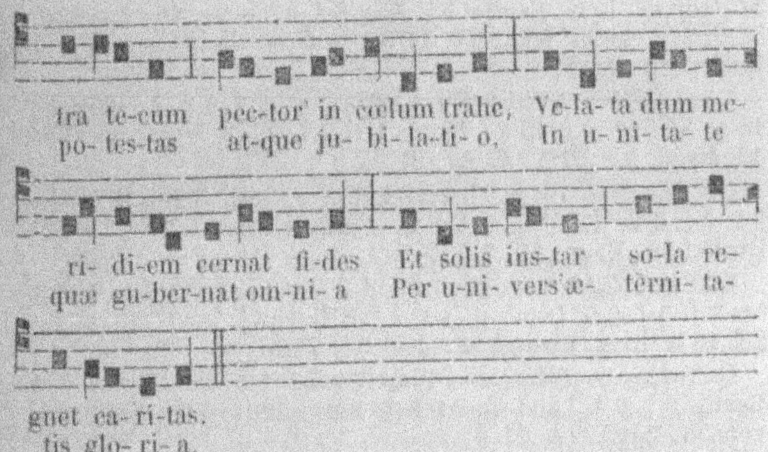


℣. Tu es vas electionis, sancte Paule, apostole, ℟. Prædicator veritatis in universo mundo.

---

# Table

## où sont indiqués avec leurs tons, les Psaumes, les Magnificat et les Hymnes des Vèpres.

ABRÉVIATIONS : In exitu 4 t. 2 f. 11 A. hym. Creator 32. — *Lisez* 4e ton, 2e finale, page 11, lettre A, hymne Creator, page 32.

*St-Jean év.* hym. Exultet 33. Mag. 6 t. 27 A. — *SS.-Innocents* hym. Salvete 33. Mag. 2 t. 27 B. — *Dim. dans l'oct.* Vêp. de Noël. Mag. 8 t. 27 B.

*Circoncision.* Dixit 6 t. 1 A. Laud. p. 3 t. 9 B. Lætatus 4 t. 18 A. Nisi 1 t. 2 f. 19 A. Lauda Jer. 2 t. 25 B. hym. Jesu Red 32. Magn. 8 t. 27 A. *ou* 2 t. 27 B.

*Oct. de St-Étienne.* Dixit 8 t. 1 A. Confit. 7 t. 5 B. Beatus 3 t. 2 f. 6 B. Laud. p. 8 t. 8 B. Credidi 4 t. 2 f. 15 C. hymn. Exultet 39. Magn. 1 t. 3 f. 27 A.

*Oct. de St-Jean év.* Dixit 8 t. 1 A. Confit. 3 t. 2 f. 4 A. Beatus 3 t. 3 f. 6 B. Laud. p. 1 t. 2 f. 8 B. Laud. Dom. om. g. 1 t. 2 f. 16 B. hym. Exultet 39. Mag. 6 t. 27 A.

*Oct. des SS.-Innocents.* Dixit 1 t. 2 f. 1 A. Confit. 1 t. 3 A. Beatus 8 t. 6 A. Laud. p. 2 t. 9 A. Credidi 8 t. 14 A. hym. Salvete 33. Magn. 2 t. 27 B.

*Épiphanie.* Dixit 2 t. 1 B. Confit. 1 t. 3 f. 3 A. Beatus 1 t. 2 f. 6 A. Laud. p. 4 t. 9 C. Laud. Dom. om. g. 7 t. 4 f. 16 C. *ou* In exitu 13 A. hym. Crudelis 34. Mag. 8 t. 29 B. *ou* 1 t. 29 A. — *Dim. dans l'oct.* Mag. 8 t. 27 A.

*St-Nom de Jésus.* Dixit 1 t. 1 A. Confit. 2 t. 4 A. Beatus 3 t. 7 A. Laud. p. 4 t. 9 C. Credidi 5 t. 14 A. hym. Jesu dulcis 34. Magn. 1 t. 27 A.

**Dimanches après l'Épiphanie.** — Dixit 7 t. 3 f. 2 C. Confit. 4 t. 3 f. 5 A. Beatus 4 t. 4 f. 7 B. Laud. p. 7 t. 3 f. 10 A. In exitu 1 t. irrég. 10 B. hym. Lucis 31. - Magn. 3e, 4e *et* 5e *Dim.* 1 t. 3 f. 27 A. - 6e *Dim.* 1 t. 4 f. 27 A. — *Septuagésime.* Magn. 7 t. 28 B. — *Sexagésime.* Magn. 6 t. 27 A. — *Quinquagésime.* 1 t. 27 A.

**Carême.** — Psaumes des dim. après l'Épiph. hym. Audi 35. - Magn. 1er *Dim.* 8 t. 27 A. - 2e *Dim.* 1 t. 2 f. 27 A. - 3e *Dim.* 8 t. 27 A. - 4e *Dim.* 1 t. 3 f. 27 A. — *Passion.* hym. Vexilla 35. Magn. 2 t. 27 B. — *Rameaux.* hym. Vexilla 35. Magn. 8 t. 27 A.

*Pâques.* Dixit 8 t. 1 A. Confit. 7 t. 3 f. 5 B. Beatus 8 t. 2 f. 6 A. Laud. p. 7 t. 10 A. In exitu 8 t. 12 A. Magn. 3 t. 2 f. 30 A.

**Temps pascal.** — Dixit 2 C. Confit. 5 B. Beatus 8 A. Laud. p. 10 A. In exitu 13 A. 7 t. 4 f. hymn. Ad regias 36. - Magn. 1er *Dim.* 8 t. 2 f. 27 A. - 2e *Dim.* 3 t. 2 f. 27 B. - 4e *Dim.* 2 t. 27 B. - 5e *Dim.* 8 t. 27 A. — 3e *Dim.* - *Patronage de St-Joseph.* Dixit 1 t. 2 f. 1 A. Confit. 2 t. 4 A. Beatus. 3 t. 7 A. Laud. p. 4 t. 9 C. Laud. Dom. om. g. 5 t. 16 B. hym. Te Joseph 48. Magn. 8 t. 27 A.

*Ascension.* Dixit 7 t. 2 C. Confit. 8 t. 3 A. Beatus 4 t. 2 f. 7 B. Laud. p. 8 t. 8 B. Laud. Dom. om. g. 8 t. 2 f. 16 B. hymn.

Salutis 36. Mag. 2 t. 29 B. — *Dim. dans l'oct.* Mag. 8 t. 27 A.

*Pentecôte.* Dixit 3 t. 2 A. Confit. 8 t. 3 A. Beatus 8 t. 2 f. 6 A. Laud. p. 1 t. 4 f. 8 B. In exitu 7 t. 13 A. hym. Veni Creator 37. Mag. 1 t. 29 A.

*T.-Ste Trinité.* Dixit 1 t. 2 f. 1 A. Confit. 2 t. 4 A. Beat. 3 t. 7 A. Laud. p. 4 t. 9 C. In exitu 5 t. 10 A. hymn. Jam sol 38. Magn. 4 t. 28 A.

*Fête-Dieu.* Dixit 1 t. 2 f. 1 A. Confit. 2 t. 4 A. Credidi 3 t. 15 B. Beati omnes 4 t. 20 A. Lauda Jerus. 5 t. 25 A. hymn. Pange 45. Magn. 5 t. 27 A.

*Sacré-Cœur.* Dixit 1 t. 1 A. Les 4 autres comme à la Fête-Dieu. hymn. Auctor 38. Magn. 1 t. 27 *ou* 29 A.

**Dimanches après la Pentecôte.** — Ps. et hym. des Dim. après l'Épiph. - Magn. 4e *Dim.* 1 t. 3 f. - 5e *Dim.* 1 t. - 6e *Dim.* 7 t. 3 f. - 7e *Dim.* 1 t. - 8e *Dim.* 4 t. - 9e *Dim.* 8 t. - 10e *Dim.* 8 t. 2 f. - 11e *Dim.* 5 t. - 12e *Dim.* 8 t. - 13e *Dim.* 2 t. - 14e *Dim.* 1 t. 3 f. - 15e *Dim.* 4 t. 2 f. - 16e *Dim.* 7 t. - 17e et 18e *Dim.* 4 t. - 19 et 20e *Dim.* 3 t. 2 f. - 21 *Dim.* 8 t. - 22 *Dim.* 1 t. 3 f. - 23e *Dim.* 1 t. 2 f. - 24e *Dim.* 1 t. 2 f. pages 27 et 28

## COMMUN DES SAINTS.

APOTRES. — 1res *Vêpres.* Dixit 8 t. 2 f. 1 A. Confit. 2 t. 4 A. Beat. 1 t. 4 f. 6 A. Laud. p. 1 t. 2 f. 8 B. Laud. Dom. om. g. 2 t. 16 D. hym. Exultet 39. Magn. 1 t. 2 f. 27 A. - 2es *Vêp.* Dixit 8 t. 1 A. Laud. p. 8 t. 2 f. 8 B. Credidi 7 t. 16 A. In convertendo 8 t. 2 f. 18 C. Domine prob. 7 t. 4 f. 23 A. hym. Exultet 39. Magn. 1 t. 3 f. 27 A. — *Temps pascal.* - 1res *Vêp.* Dixit 8 t. 1 A. Confit. 7 t. 5 B. Beat. 2 t. 6 B. Laud. p. 8 t. 8 B. Laud. D. om. g. 2 t. 16 D. hymn. Tristes 39. Magn. 4 t. 28 A. - 2es *Vêp.* Dixit 8 t. 1 A. Laud. p. 7 t. 10 A. Credidi 2 t. 15 A. In convertendo 8 t. 18 C. Domine prob. 2 t. 22 A. hym. Tristes 39. Mag. 8 t. 27 A.

*Martyrs au temps pascal.* Dixit 8 t. 1 A. Confit. 7 t. 5 B. Beat. 2 t. 6 B. Laud. p. 8 t. 8 B. Laud. Dom. om. g. 2 t. 16 D. *ou* Credidi 2 t. 15 A. hym. Deus tuorum *ou* Rex gloriæ 40 - Magn. 4 t. *ou* 8 t. 27 A.

*Un Martyr.* Dixit 1 t. 2 f. 1 A. Confit. 3 t. 2 f. 4 A. Beat. 1 t. 2 f. 6 A. Laud. p. 1 t. 2 f. 8 B. - Laud. D. om. g. 1 t. 4 f. 16 B. *ou* Credidi 1 t. 4 f. 14 A. hym. Deus tuorum 41. - Magn. 8 t. *ou* 1 t. 2 f. 27 A.

*Plusieurs Martyrs.* - 1res *Vêp.* Dixit 8 t. 1 A. Confit. 8 t. 3 A. Beat. 1 t. 2 f. 6 A. Laud. p. 1 t. irrég. 9 A. Laud. D. om. g. 8 t. 2 f. 16 B. hym. Sanctorum 48. Magn. 8 t. 27 A. - 2es *Vêp.* Dixit 2 t. 1 B. Confit. 2 t. 4 A. Beat. 8 t. 6 A. Laud. p. 7 t. 10 A.

Credidi 8 t. 14 A. hymn. Sanctorum 48. Magn. 6 t. 27 A.

*Confesseurs Pontifes*. Dixit 7 t. 3 f. 2 C. Confit. 7 t. 3 f. 5 B. Beat. 8 t. 6 A. Laud. p. 7 t. 3 f. 10 A. - Laud. Dom. omn. gent. 7 t. 4 f. 16 C. *ou* Memento 7 t. 4 f. 20 C. hymn. Iste Confessor 50. Magn. 1 t. 27 A. — *Docteurs*. Magn. 2 t. 27 B.

*Confesseurs non Pontifes*. Dixit 1 t. 3 f. 1 A. Confit. 1 t. 2 f. 3 A. Beat. 3 t. 2 f. 6 B. Laud. p. 7 t. 10 A. Laud. Dom. o. g. 7 t. 4 f. 16 C. hym. Iste Confessor 50. - Magn. 1 t. *ou* 8 t. 27 A.

*Vierges*. Dixit 1 t. 2 f. 1 A. Laud. p. 1 t. 2 f. 8 B. Lætatus 3 t. 17 C. Nisi 1 t. 2 f. 19 A. Laud. Jerus. 3 t. 2 f. 25 B. hym. Jesu Corona 42. Magn. 8 t. 27 A *ou* 4 t. 2 f. 28 A.

*Stes Femmes*. Dixit 3 t. 2 f. 1 B. Laud. p. 4 t. 2 f. 9 C. Lætatus 8 t. 18 B. Nisi 1 t. 2 f. 19 A. Laud. Jerus. 3 t. 2 f. 25 B. hym. Fortem 42. Magn. 8 t. 27 A.

*Dédicace*. Dixit 7 t. 2 C. Confit. 1 t. 5 A. Beat. 1 t. 2 f. 6 A. Laud. p. 8 t. 2 f. 8 B. Laud. Jerus. 2 t. 25 B. hym. Cœlestis 46. Magn. 1 t. 3 f. *ou* 6 t. 27 *ou* 29 A.

*B.-V. Marie*. Dixit 3 t. 2 f. 1 B. Laud. p. 4 t. 2 f. 9 C. Læt. 3 t. 2 f. 17 C. Nisi 8 t. 19 A. Laud. Jerus. 4 t. 2 f. 26 B. hym. Ave 47. Magn. 4 t. 28 A *ou* 8 t. 27 A.

## PROPRE DES SAINTS.

**Janvier.** — *Chaire de St-Pierre*. Psaumes des Confess. Pontif. hym. Quocumque 52. Magn. 1 t. 2 f. 27 A. - *Ste-Agnès*. Dixit 7 t. 3 f. 2 B. Confit. 7 t. 2 f. 5 B. Beatus 7 t. 4 f. 8 A. Laud. p. 8 t. 2 f. 8 B. Laud. Dom. om. g. 8 t. 16 B *ou* Lauda Jerus. 8 t. 25 A. hym. Jesu Corona 42. Magn. 8 t. *ou* 1 t. 2 f. 27 A. — *St-Paul*. - 1res *Vêp*. Dixit 8 t. 1 A. Confit. 8 t. 2 f. 3 A. Beatus 4 t. 2 f. 7 B. Laud. p. 8 t. 8 B. Laud. D. om. g. 8 t. 2 f. 16 B. hym. Egregie 52. Magn. 7 t. 28 B. - 2es *Vêp*. Dixit 8 t. 1 A. Laud. p. 8 t. 2 f. 8 B. Credidi 4 t. 2 f. 15 C. Inconvertendo 8 t. 18 C. Domine prob. 8 t. 2 f. 24 A. hym. Egregie 52. Magn. 8 t. 27 A.

**Février.** — *Purification*. - 1res *Vêp*. voyez *Circoncision* ; hym. Ave 47. Magn. 1 t. 27 A. - 2es *Vêp*. Dixit 3 t. 2 A. Laud. p. 3 t. 2 f. 9 A. Lætatus 3 t. 3 f. 17 C. Nisi 8 t. 2 f. 19 A. Laud. Jerus. 8 t. 25 A. hymn. Ave 47. Magn. 8 t. 27 A. - *Ste-Agathe*. Dixit 7 t. 3 f. 2 C. Confit. 1 t. 2 f. 3 A. Beat. 7 t. 2 f. 8 A. Laud. p. 8 t. 8 B. Laud. Dom. om. g. 7 t. 16 C *ou* Lauda Jerus. 26 C hym. Jesu Corona 42. Magn. 1 t. 27 A.

**Mars.** — *St-Joseph*. Dixit 1 t. 2 *ou* 4 f. 1 A. Confit. 2 t. 4 A. Beat. 5 t. 7 A. Laud. p. 4 t. 9 C. Laud. Dom. om. g. 5 t. 16 B. hym. Te Joseph 48. Magn. 1 *ou* 6 t. 27 A. — *Annonciation*.

Dixit 8 t. 1 A. Laud. p. 1 t. 3 f. 8 B. Lætatus 8 t. 17 B. Nisi 1 t. 2 f. 19 A. Laud. Jerus. 8 t. 2 f. 25 A. hymn. Ave 47. Magn. 8 t. 27 A. *ou* 7 t. 3 f. 28 B.

**Mai.** — *St-Philippe et St-Jacques.* - 1res *Vêpres.* Dixit 7 t. 3 f. 2 C. Confit. 7 t. 5 B. Beat. 3 t. 2 f. 6 B. Laud. p. 7 t. 10 A. Laud. Dom. omn. gent. 7 t. 3 f. 16 C. hymn. Tristes 39. Magn. 6 t. 27 A. 2es *Vêp.* Dixit 7 t. 3 f. 2 C. Laud. p. 7 t. 10 A. Credidi 3 t. 2 f. 15 A. In convertendo 7 t. 18 C. Domine prob. 3 t. 2 f. 22 A. hym. Tristes 39. Magn. 7 t. 28 B. — *Ste-Croix.* Dixit 7 t. 3 f. 2 C. Confit. 3 t. 2 f. 4 A. Beat. 1 t. 6 A. Laud. p. 7 t. 3 f. 10 A. Laud. Dom. om. g. 8 t. 2 f. 16 B. hym. Vexilla 36. Magn. 1 t. 2 f. 27 A. *ou* 2 t. 27 B. — *St-Jean, év.* voyez *Apôtres, T. P.* Mag. 4 t. 28 A. — *St-Michel.* Dixit 4 t. 2 f. 2 B. Confit. 7 t. 3 f. 5 B. Beat. 8 t. 6 A. Laud. p. 1 t. 8 B. Laud. Dom. om. g. 7 t. 4 f. 16 C *ou* Confit. quon. 21 A. hym. Te Splendor 43. Magn. 8 t. *ou* 1 t. 27 A. — *St-Venant, martyr, T. P.* hym. Martyr 40. — *N. D. Auxiliatrice.* hym. Sæpe 51.

**Juin.** — *Ste-Julienne, vierge.* hym. Cœlestis Agni 44. — *St-Jean-Baptiste.* - 1res *Vêpres.* Dixit 7 t. 2 C. Confit. 8 t. 3 A. Beatus 1 t. 2 f. 6 A. Laud. p. 7 t. 10 A. Laud. Dom. om. g. 7 t. 2 f. 16 C. hymn. Ut queant 50. Magn. 8 t. 27 A. - 2es *Vêp.* Dixit 3 t. 2 f. 1 B. Confit. 4 t. 5 A. Beat. 1 t. 2 f. 6 A. Laud. p. 3 t. 2 f. 9 A. Laud. Dom. om. g. 3 t. 3 f. 16 D. hym. Ut queant 50. Magn. 7 t. 2 f. 28 B. — *St-Jean et St-Paul.* Dixit 8 t. 1 A. Confit. 8 t. 3 A. Beatus 1 t. 2 f. 6 A. Laud. p. 1t. 4 f. 8 B. Laud. D. om. g. 1 t. 2 f. 16 B. *ou* Credidi 14 A. hym. Sanctorum 48. Magn. 1 t. 27 A. — *St-Pierre et St-Paul.* - 1res *Vêp.* Dixit 8 t. 1 A. Confit. 7 t. 2 f. 5 B. Beat. 8 t. 2 f. 6 A. Laud. p. 7 t. 3 f. 10 A. Laud. D. om. g. 7 t. 4 f. 16 C. hym. Decora 51. Magn. 1 t. 2 f. 29 A. - 2es *Vêp.* voyez *Apôtres.* hym. Decora 51. Magn. 1 t. 29 A.

**Juillet.** — *Précieux Sang.* Dixit 1 t. 3 f. 1 A. Confit. 6 t. 3 A. Beat. 7 t. 8 A. Laud. p. 2 t 9 A. Lauda Jerus. 3 t. 3 f. 25 B. hymn. Festivis 49. Mag. 8 t 27 A. — *Visitation.* Dixit 1 t. 2 f. 1 A. Laud. p. 2 t. 9 A. Lætatus 3 t. 18 A. Nisi 4 t. 19 C. Lauda Jerus. 5 t. 25 A. hym. Ave 47. Magn. 8 t. 27 A. — *Carmel.* Magn. 1 t. 27 A. — *Ste-Madeleine, Sainte Femme.* hym. Pater super. 44. Magn. 7 t. 28 B. *ou* 8 t. 27 A.

**Août.** — *St-Pierre-ès-liens.* - 1res *Vêpres.* Dixit 8 t. 1 A. Confit. 3 t. 2 f. 4 A. Beat. 8 t. 2 f. 6 A. Laud. p. 7 t. 3 f. 10 A. Laud. Dom. om. g. 7 t. 4 f. 16 C. hym. Miris 61. Magn. 1 t 27 A. - 2es *Vêp.* Dixit 8 t. 1 A. Laud. p. 3 t. 2 f. 9 A. Credidi 8 t. 2 f. 14 A. In convertendo 7 t. 3 f. 18 C. Domine prob. 7 t. 4 f. 23 A. hym. Miris 61. Magn. 4t. 28 A. — *Transfiguration.* Dixit 2 t. 1 B. Confit. 3 t. 4 B. Beatus. 4 t 7 B. Laud. p. 5 t. 10

A. Laud. D. om. g. 1 t. 2 f. 16 B. hym. Quicumque Christ. 37. Magn. 6 t. *ou* 8 t. 27 A. — *St-Gaëtan, conf. non Pont.* Mag. 1 t. 3 f. 27 A. — *St-Laurent.* Dixit 1 t. 2 f. 1 A. Confit. 8 t. 3 A. Beatus 8 t. 2 f. 6 A. Laud. p. 7 t. 2 f. 10 A. Laud. Dom. om. g. 8 t. 16 B. *ou* Credidi 14 A. hym. Deus tuorum 41. Mag. 8 t. 27 A. — *Assomption.* Dixit 7 t. 2 C. Laud. p. 8 t. 8 B. Lætat. 4 t. 2 f. 18 A. Nisi 7 t. 4 f. 2 A. Laud. Jerus. 1 t. 4 f. 25 A. hym. Ave 47. Magn. 8 t. 29 A *ou* 8 t. 29 B. — *St-Joachim, confess. non Pont.* Magn. 1 t. 3 f. 27 A. — *Décollation de St-Jean-Baptiste.* Dixit 3 t. 2 f. 1 B. Confit. 3 t. 3 f. 4 A. Beatus 1 t. 2 f. 6 A. Laud. p. 1 t. 8 B. Laud. Dom. om. g. 4 t. 2 f. 17 A. *ou* Credidi 15 C. hym. Deus tuorum 41. Magn. 1 t. 3 f. *ou* 8 t. 27 A.

**Septembre.** — *Nativité de la B.-V. Marie.* Dixit 8 t. 1 A. Laud. p. 7 t. 3 f. 10 A. Lætatus 6 t. 18 B. Nisi 8 t. 19 A. Laud. Jerus. 7 t. 26 C. hym. Ave 47. Mag. 1 t. 1 *ou* 2 f. 27 A. — *Le St-Nom de Marie.* Magn. 4 t. 28 A. — *Ste-Croix*, voyez en Mai. — *Les Sept Douleurs.* Dixit 3 t. 2 A. Laud. p. 1 t. 4 f. 8 B. Lætatus 2 t. 17 C. Nisi 8 t. 19 A. Laud. Jerus. 5 t. 25 A. hym. O quot. 46. Magn. 1 t 27 A. — *St-Thomas de Villeneuve, conf. pont.* Mag. 7 t. 28 B. — *St-Michel*, voyez en Mai.

**Octobre.** — *Ste-Thérèse, vierge.* hymn. Regis 45 — *St.-Jean de Kanty, conf. non pont.* hym. Gentis *ou* Te deprecante 41 *et* 42.

**Novembre.** — *La Toussaint.* Dixit 1 t. 2 f. 1 A. Confiteb. 1 t. 3 A. Beatus 8 t. 6 A. Laudate pueri 8 t. 2 f. 8 B. Laud. Dom. om. g. 8 t. 16 B *ou* Credidi 14 A. hym. Placare 43. Mag. 1 *ou* 6 t. 29 A. — *St-Martin.* Dixit 7 t. 3 f. 2 C. Confit. 7 t. 5 B. Beat. 8 t. 6 A. Laud. p. 7 t. 3 f. 10 A. Laud. D. om. g. 8 t. 2 f. 16 B. *ou* Memento 20 C. hymn. Iste Confessor 50. Magn. 2 t. 27 B. *ou* 1 t. 2 f. 27 A. — *Ste-Cécile.* Dixit 1 t. 1 A. Laud. p. 7 t. 10 A. Lætatus 3 t. 17 C. Nisi 8 t. 19 A. Lauda Jer. 4 t. 26 B. hym. Jesu Corona 42. Mag. 2 t. 27 B. — *St-Clément.* Dixit 7 t. 2 f. 2 C. Confit. 8 t. 2 f. 3 A. Beat. 7 t. 4 f. 8 A. Laud. p. 1 t. 2 f. 8 B. Credidi 8 t. 2 f. 14 A. hymn. Iste Confessor 50. Magn. 1 t. 27 A. — *St-André.* - 1res *Vêp.* Dixit 7 t. 3 f. 2 C. Confit. 8 t. 3 A. Beatus 8 t. 2 f. 6 A. Laud. p. 8 t. 8 B. Laud. Dom. om. g. 7 t. 16 C. hym. Exultet 39. Mag. 1 t. 2 f. 27 A. - 2es *Vêp.* Dixit 7 t. 3 f. 2 C. Laud. p. 8 t. 8 B. Credidi 8 t. 2 f. 14 A. In convertendo 8 t. 18 C. Domine prob. 7 t. 23 A. hym. Exultet 39. Mag. 1 t. 27 A.

**Décembre.** — *Ste-Lucie.* Dixit 7 t. 2 f. 2 C. Laud. p. 2 t. 9 A. Lætatus 8 t. 18 B. Nisi 8 t. 2 f. 19 A. Lauda Jerus. 8 t. 25 A. hym. Jesu Corona 42. Mag. 1 t. 2 f. 27 A. *ou* 7 t. 3 f. 29 B.

# A Complies.

8e Ton : *médiante* 2 syllabes. — 2e Ton irrégulier no 1 *et* 6e Ton irrégulier no 2, *page* VII ; *médiante* 4 syllabes ; *finale* 4 syllabes.

## PSAUME 4.

Cum invocarem, exaudivit me Deus justi-TI-Æ ME-Æ :* in tribulatione dila-TA-STI MI-HI.

Mise-RE-RE ME-I,* et exaudi orati-O-NEM ME-AM.

Filii hominum, usquequo GRA-VI COR-DE ?* ut quid diligitis vanitatem | et quæri-TIS MEN-DA-CIUM ?

Et scitote quoniam mirificavit Dominus SANC-TUM SU-UM :* Dominus exaudiet me, | cum clamave-RO AD E-UM.

Irascimini, et noli-TE PEC-CA-RE :* quæ dicitis in cordibus vestris, | in cubilibus vestris COM-PUN-GI-MINI.

Sacrificate sacrificium justitiæ, | et spera-TE IN DO-MINO :* multi dicunt : quis ostendit NO-BIS BO-NA ?

Signatum est super nos | lumen vultus TU-I, DO-MINE ;* dedisti lætitiam in COR-DE ME-O.

A fructu frumenti, vini et o-LE-I SU-I,* multi-PLI-CA-TI SUNT.

In pace IN I-DIP-SUM,* dormiam et RE-QUI-ES-CAM.

Quoniam tu, Domine, singula-RI-TER IN SPE* consti-TU-IS-TI ME. — Gloria.

## PSAUME 30.

In te, Domine, speravi ; | non confundar IN Æ-TER-NUM :* in justitia tua LI-BE-RA ME.

Inclina ad me AU-REM TU-AM* ; accelera ut E-RU-AS ME.

Esto mihi in Deum protectorem, | et in do-MUM RE-FU-GII*, ut sal-VUM ME FA-CIAS.

Quoniam fortitudo mea | et refugium ME-UM ES TU* ; et propter nomen tuum deduces me, | et e-NU-TRI-ES ME.

Educes me de laqueo hoc quem abscon-DE-RUNT MI-HI ;* quoniam tu es pro-TEC-TOR ME-US.

In manus tuas, commendo spi-RI-TUM ME-UM :* redemisti me, Domine Deus VE-RI-TA-TIS.

## PSAUME 90.

Qui habitat in adjutori-O AL-TIS-SIMI,* in protectione Dei cœli COM-MO-RA-BITUR.

Dicet Domino : Susceptor meus es tu | et refu-GI-UM ME-UM :* Deus meus spera-BO IN E-UM.

Quoniam ipse liberavit me de laque-O VE-NAN-TIUM,* et a VER-BO AS-PERO.

Scapulis suis obum-BRA-BIT TI-BI ;* et sub pennis e-JUS SPE-RA-BIS.

Scuto circumdabit te ve-RI-TAS E-JUS :* non timebis a timo-RE NOC-TUR-NO.

A sagitta volante in die, | a negotio perambulan-TE IN TE-NEBRIS :* ab incursu et dæmonio me-RI-DI-A-NO.

Cadent a latere tuo mille, | et decem millia a DEX-TRIS TU-IS :* ad te autem non ap-PRO-PIN-QUA-BIT.

Verumtamen oculis tuis consi-DE-RA-BIS ;* et retributionem peccato-RUM VI-DE-BIS.

Quoniam tu es, Domi-NE, SPES ME-A* : Altissimum posuisti refu-GI-UM TU-UM.

Non accedet AD TE MA-LUM ;* et flagellum non appropinquabit taberna-CU-LO TU-O.

Quoniam angelis suis manda-VIT DE TE* ; ut custodiant te in omnibus VI-IS TU-IS.

In manibus POR-TA-BUNT TE* ; ne forte offendas ad lapidem PE-DEM TU-UM.

Super aspidem et basiliscum AM-BU-LA-BIS * ; et conculcabis leonem ET DRA-CO-NEM.

Quoniam in me speravit, libe-RA-BO E-UM : * protegam eum, quoniam cognovit NO-MEN ME-UM.

Clamabit ad me, | et ego exau-DI-AM E-UM :* cum ipso sum in tribulatione ; | eripiam eum, et glorifi-CA-BO E-UM.

Longitudine dierum re-PLE-BO E-UM* ; et ostendam illi saluta-RE ME-UM.

## PSAUME 133.

Ecce nunc benedi-CI-TE DO-MINUM,* omnes SER-VI DO-MINI ;

Qui statis in DO-MO DO-MINI,* in atriis domus DE-I NOS-TRI.

In noctibus extollite manus VES-TRAS IN SANC-TA* ; et benedi-CI-TE DO-MINUM.

Benedicat te Domi-NUS EX SI-ON,* qui fecit cœ-LUM ET TER-RAM.

**Hymne.** — *Air n° 9 ; excepté aux fêtes suivantes.*

De Noël à l'Épiphanie n° 3, Épiph. n° 4, Temps de la Pass. n° 7, Temps pascal n° 8, Pentecôte n° 1, S. Trinité n° 11, Fête-Dieu et fêtes de la Sainte-Vierge avec leurs octaves, n° 20, La Toussaint n° 16.

Te lucis ante terminum
Rerum Creator poscimus
Ut pro tua clementia
Sis præsul et custodia
Procul recedant somnia
Et noctium phantasmata
Hostemque nostrum comprime
Ne polluantur corpora
Præsta Pater piissime
Patrique compar unice
Cum Spiritu Paraclito
Regnans per omne seculum.

Au lieu de cette dernière strophe (Præsta Pater), on chante aux fêtes de N. S. et de la Ste-V., celle du n° 3 page 33 ; à l'Épiph., celle du n° 4 page 34 ; au T. Pascal et à la Pentecôte, celle du n° 8 page 36 ;

*Le jour de l'Ascension :*

Jesu tibi sit gloria
Qui victor in cœlum redis
Cum Patr'et almo Spiritu
In sempiterna secula.

℟. bref. In manus tuas, Domine,* commendo spiritum meum. ℣. Redemisti nos, Domine, Deus veritatis. ℟. Commendo. ℣. Gloria. ℟. In manus. . . ℣. Custodi nos, Domine, ut pupillam oculi : ℟. Sub umbra alarum tuarum protege nos.

### Cantique de Saint-Siméon.

NUNC DI-mittis servum TU-UM DO-MINE,* secundum verbum tuum, IN PA-CE.

QUI-A viderunt O-CULI ME-I* saluta-RE TU-UM.

QUOD PA-RA-STI,* ante faciem omnium po-PU-LO-RUM.

LU-MEN ad revelati-O-NEM GEN-TIUM,* et gloriam plebis tu-Æ IS-RAEL.

GLO-RI-a Pa-TRI ET FI-LIO* etc.

Hymne de *Saint-Pierre-ès-liens*. — Air : No 29, page 52.

Miris modis repente liber ferrea
Christo jubente vincla Petrus exuit
Ovilis ille pastor et rector gregis
Vitæ recludit pascu' et fontes sacros
Ovesque servat creditas arcet lupos.

2e strophe *Patri*, No 29, page 52.

## Bénédiction du St-Sacrement.

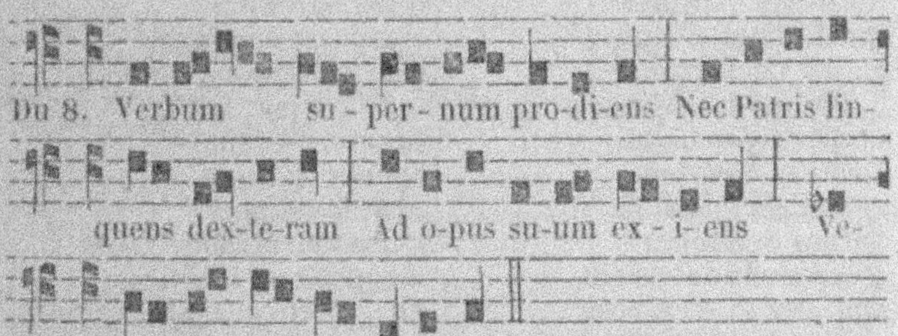


In mor.,..*tem*.. *a*. dis..*ci*-pu*lo*
Suis traden*dus*. æ,mu*lis*
Prius in vitæ. *fer*.*culo*
Se *tra*.di.*dit*. *dis*.*ci*pu*lis*
Quibus.,.. *sub*.. *bi*.na.. *spe*-*cie*
Carnem dedit *et*. san.gui*nem*
Ut duplicis sub.*stan*.tiæ
To*tum*. ci.*ba*.*ret*. *homi*n*em*
Se nas.,..*cens*.. *de*.dit.. *so*.-*cium*

Convescens in *e*.du,li*um*
Se moriens in. *pre*.ti*um*
Se *re*.gnans.*dat*. *in*.*præ*mi*um*
O sa.,..*lu*..*ta*.ris.. *hostia*
Quæ cœli pan*dis*. os,ti*um*
Bella premunt hos.*ti*.lia
Da *ro*.bur. *fer*. *au*.*xilium*
Uni.,.. *tri*..*no*.que.. *Do*-mi*no*
Sit sempiter*na*. glo,ri*a*
Qui vitam sine. *ter*.mi*no*
No*bis*. do.*net*. *in*. *patria*

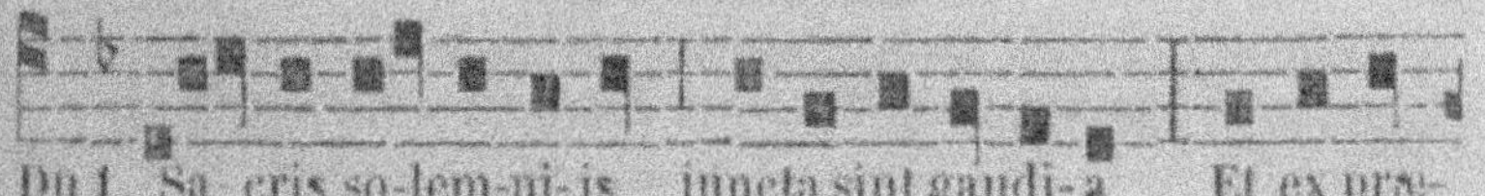

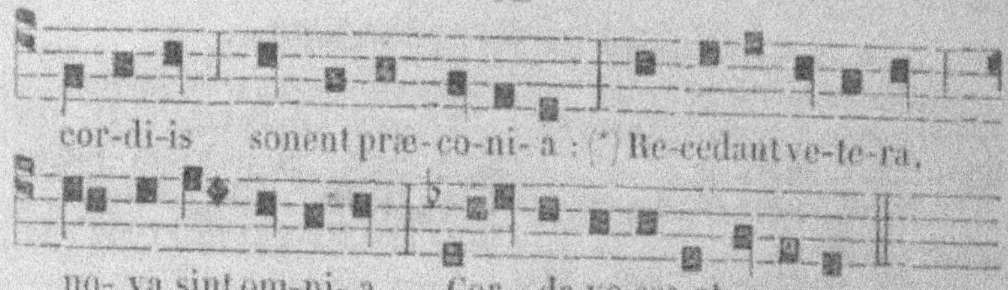


Noc.,tis re,colitur
cœna novissima
Qua Christus creditur
agnum et azima
Dedisse fratribus
juxta legitima
Pris.,cis indulta patribus

Post., agnum, typicum
expletis epulis
Corpus Dominicum
datum discipulis
Sic totum omnibus
quod totum singulis
E.,jus fatemur manibus

De.,dit fra,gilibus
corporis ferculum
Dedit et tristibus
sanguinis poculum
Dicens Accipite
Quod trado vasculum
Om.,nes ex eo bibite

Sic., sacri,ficium
istud instituit
Cujus officium
committi voluit
Solis Præsbyteris
Quibus sic congruit
Ut., sumant et dent cæteris

Pa.,nis An.gelicus
fit panis hominum
Dat panis cœlicus
figuris terminum
O res mirabilis
manducat Dominum
Pau.,per servus et humilis

Te., trina, Deitas
unaque poscimus
Sic nos tu visita
sicut te colimus
Per tuas semitas
duc nos quo tendimus
Ad., lucem quam inhabitas

(*) Édition de Dijon.

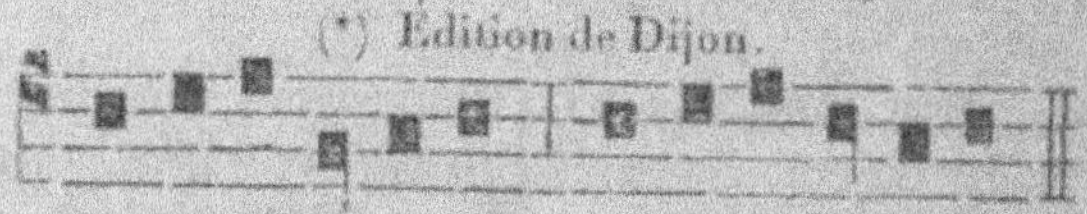


Hymne **Pange lingua.** — No 21, *page* 45.

℣. Panem de cœlo præstitisti eis, ℟. Omne delectamentum in se habentem. ℣. Ora pro nobis, sancta Dei genitrix, ℟. Ut digni efficiamur promissionibus Christi. ℣. Ostende nobis, Domine, misericordiam tuam, ℟. Et salutare tuum da nobis. ℣. Benedicamus Patrem et Filium cum sancto Spiritu. ℟. Laudemus et superexaltemus eum in secula.

## ERRATUM.

*Psaume* In exitu, 7e *ton*, *verset* 21, *page* 14. *au lieu de* DO-MUI A-ARON, *lisez* domu-I A-A-RON.

## Chant du Benedicamus.

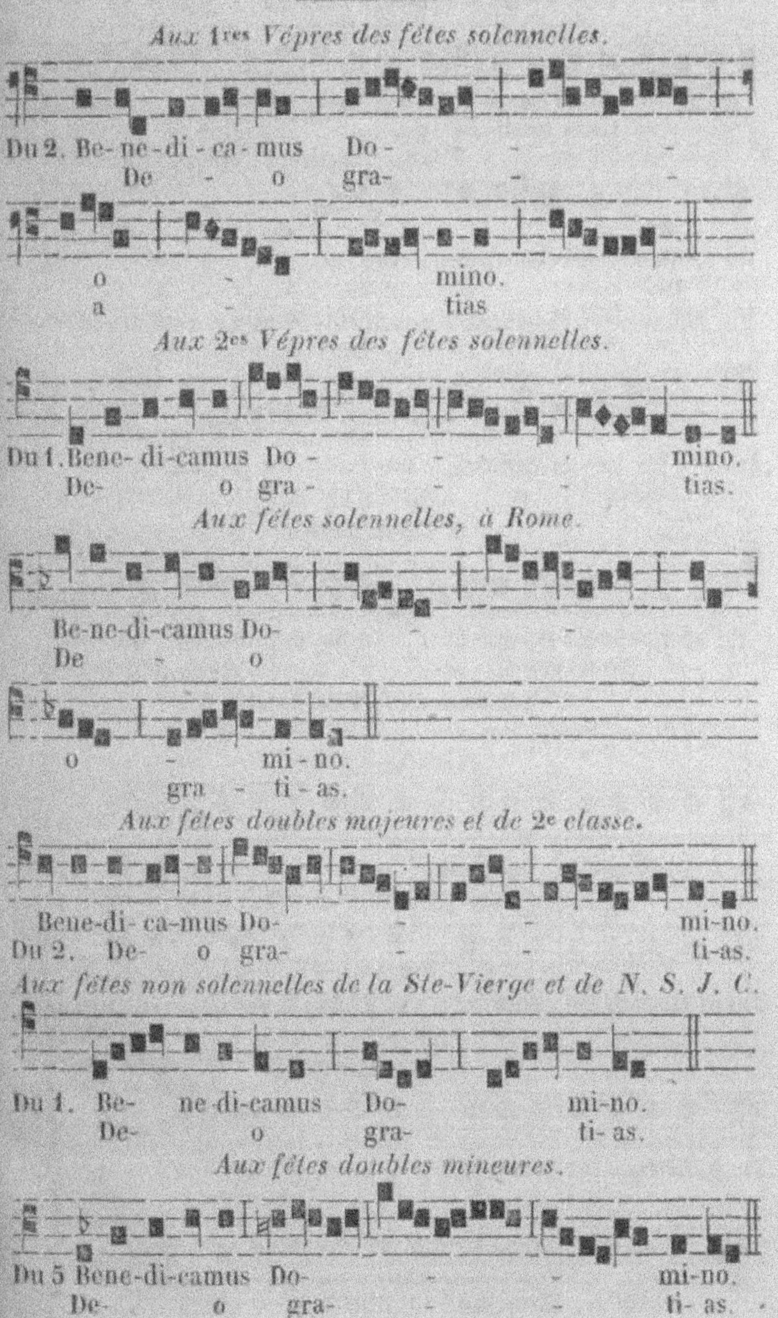

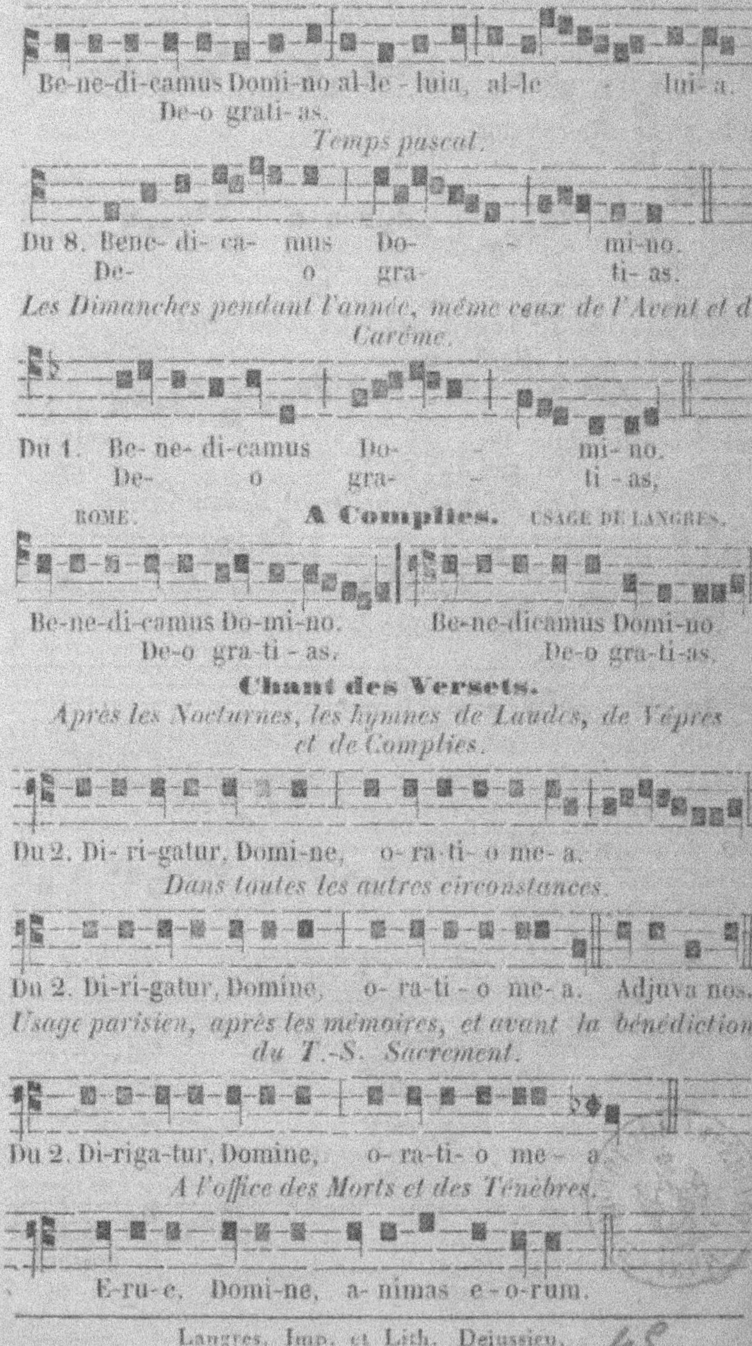


Langres, Imp. et Lith. Dejussieu. 45

www.ingramcontent.com/pod-product-compliance
Ingram Content Group UK Ltd.
Pitfield, Milton Keynes, MK11 3LW, UK
UKHW022124260726
13993UKWH00003B/1213